なぜか「男をそそる女」秘密

櫻井秀勲
sakurai hidenori

文香社

はじめに――昨日《きのう》までのあなたを捨てるために！

〝かわいい女〟が少なくなってきました。こういうと、「当たり前じゃない。かわいい女というのは、男にとって都合のいい女なんでしょ？」と反発されそうですが、都合がよかろうと悪かろうと、〝かわいさ〟があって損なことはないのではないでしょうか？

私は男と女の恋愛関係は、損得で考えるべきだと思っています。これまでは「愛があるのだから、彼の犠牲になってもいい」という女性が多かったし、「愛があるなら、どんな犠牲を払っても結婚して」と、男に求める女性も少なくありませんでした。

愛情至上主義といって、愛のためには死をも避けない、という覚悟をもつ女性が賛美されたものです。

ところが近頃では、自分の決意で結婚できる十八歳から三十歳くらいまでの十年間以上を、独身で通さざるを得ない社会風潮になってきました。なにしろ東京の平均結婚年齢は、かぎりなく三十歳に近づいていますし、結婚など見向きもしないでシングルを貫く女性も大勢います。

こうなると、その間、一回しか恋愛をしない女性などほとんどいませんし、バージンもめったにいないでしょう。恐らくは二、三回から五回ぐらいの恋愛経験者ばかりだと思うのです。こういう恋愛環境の中で、一人の男のために犠牲愛を貫くことは、しようと思ってもできません。なぜなら、男のほうが二股も三股もかけている可能性があるからです。

これを責めるわけにはいきません。なぜなら男も女も、恋愛は一種の婚前テストのようなかたちになってきたからです。当然のことながら、セックス（エッチ）もたのしいかどうか、相性が合うか合わないか、繰り返しテストをしますし、その間に、相手がどのような条件をもつかも調べることになります。

ここで損得が計算されることになるのです。そうであるなら、あなたも、なるべく損をしないように、プラス面や長所を彼に見せておいたほうが得ではないでしょうか？　かわいい女の一面を見せておいても、不都合ではないでしょう。

男と女の仲は理屈ではありません。一瞬の感情で燃え上がるものであり、欲望がむき出しになります。そうだとしたら、一瞬のうちに男心をそそるものを備えたほうが、断然得ではありませんか？

ところが、多くの女性はここをカン違いして、ダイエットでやせ細ろうとしたり、整形で鼻を高くしたり、あるいは、ブランド品で身を飾って男をそそろうとしています。もちろんそれも悪くありませんが、それ以外にもいろいろあるのです。

外見だけでなく、動作にも言葉遣いにも、それこそエッチの仕方にも、そそるものがあるはずです。「そそる」とは本来、「聳《そび》え立たせる」という意味で、ペニスを勃起《ぼっき》させるということなのです。

果たして、やせたからだに男は勃起するでしょうか？　高級ブランド品をたくさんつけていたら、ふつうのサラリーマンなら、かえって萎《な》えてしまうのではないでしょうか？

この本では、あらゆる角度から男を興奮させ、あなたを欲しがらせる考え方から方法、テクニックまで網羅しました。どうしても恋愛がうまくいかない、いやその前に、つき合いができない、という女性のためのバイブルになるように書いたつもりです。

この世の中は「八対二の法則」といって、十人中八人まではうまくいきません。それは基本を知らないからで、この基本さえしっかり実行すれば、必ずうまくいくものです。その自信を先にしっかりもって、思いきって、つき合いの幅を広げましょう。間違いなく成功はあなたのものになるはずです。

なぜなら、昨日のあなたではない「男をそそる女」になっているからです。

著者

なぜか「男をそそる女」の秘密——目次

3 セックスの相性がいい男、悪い男

4 遊びの恋だって、ルールがある

5 もっと強い恋愛力をもつ女になる

6 男が避けたい、逃げたい女のタイプとは？

9 媚びのない女らしさが男心をとろかす

10 男に愛の心を抱かせる恋愛心理学

11 さらに一段高い女性になるために

なぜか「男をそそる女」の秘密

装幀――――こやまたかこ
装画――――正田えり子

1

女がカン違いしている男たちの女性観

✧スタイルのいい美人が好かれるわけではない

いまも昔も、女性がカン違いしているのは、「男はスタイルのいい美人」を求めているという点です。たしかに、まったくの間違いでないところが、カン違いを起こさせるわけですが、男でも女でも、よく考えれば総合的に相手を選んでいるのです。

美人の中にも清楚なタイプもいれば、色気たっぷりの女性もいます。あるいは、スタイルがいいといっても、むやみにやせたタイプもいれば、乳房だけは大きい女性もいます。あるいは、全体が楚々《そそ》としている人もいることでしょう。

しかし男なら誰でも、これらの女性たちを恋人や妻にしたいわけではありません。なぜなら、妻にしたところ、彼女はその美貌に群れ寄ってくる男たちと浮気して、離婚というケースになることを警戒する向きもあるからです。実際、芸能人同士の結婚を見れば、この危険性が正しいことが証明されています。

あるいはまた、スタイルがいいといっても、男の母親が後継ぎの孫を欲しがっている場合、妊娠しにくいのではないかと、いやがることも往々にして起こります。スタイルのよさがマイナスになるのです。

これらを総合的に考えると、
(1)美人タイプは、エッチ友だちで十分
(2)結婚するときは、八人並みから十人並みで十分
(3)美貌を鼻にかける女性とはつき合わない
こういった男性心理になると思います。

私の友人はもっと図々しく、「いい女は盗むにかぎる」と話しています。昔から、「一盗二婢」といわれるように、他人の妻を盗む、つまり不倫が最高のたのしみだ、というわけです。

しかしこれは、ほとんどの男たちの深層心理で、「美人と結婚する男はアホだ。心を盗まれるのを待っているようなものだ」と考えているのです。

女性もダイエットしたり整形したりして、たとえタレント並みの美貌を得たとしても、結婚によって幸せになる確率は低いのです。まして昔のように、結婚したら奥様となって、めったに外出しないという立場にはなれません。

共働きをするうちに、亭主よりはるかにすぐれた男とつき合うチャンスは、いくらでも訪れてきます。そのとき果たして、固い操《みさお》を守れるかどうか？　下手をすると嫉妬深い夫によって、暗い結婚生活を送るようになるかもしれません。

◈いまは明るい三枚目タイプが好感を抱かれる

いまの世の中は、テレビ時代といっていいでしょう。すると男女とも、つねにテレビで活躍するタレントをモデリングにする傾向になります。ここで「好感度」という基準が出てくるのです。

上司として好ましい男性タレントや、夫として好ましいタレントも調査に表れてきます。同じようなことが女性タレントにもいえますが、このところ毎年のように、明石家さんまや久本雅美などのお笑いタレントがトップにランクされています。

この傾向は明らかに、最近の男たちの好みを表しています。少しぐらい歯が出ていてもいい。かえってそのほうが、結婚して毎日顔を合わせるには愛嬌があっていい、と思っているのかもしれません。

いや、それよりも「笑い声の立つ家庭」が望みなのでしょう。では、なぜそうなったのでしょうか？

一つには、デフレ不景気が長くつづく、という男たちの観測です。これからは年収三百万円時代がくる、といわれていますが、そんな結婚生活でも、明るく家計を切り回してくれる女性がいれば、笑顔の家庭が維持できます。そこで美人より三枚目タイプが上位にきたのだと思います。

二つめは、演歌の後退で、いわゆる日本美人系が冷たい、暗いタイプの代表になった感があります。

さらに三つめは、高齢社会になったため、どうせ美人といってもいつかはお婆さんになるわけで、それなら明るいお婆さんになれるタイプがいい、となったような気がします。

いずれにしても、明るい笑い声の立つ家庭と、静かそうでも、なんとなく暗い家庭を比べれば、男たちは少々顔の造作は劣っても、前者を選ぶのではないでしょうか。

実際、結婚式に招かれても、しとやかな花嫁はほとんど見たことがありません。最初から、あっけらかんとした花嫁姿で、だからこそプロポーズされたともいえるのです。

時間のルーズな女性は致命的になる

時間だけは万人に平等に与えられている唯一のもの、といわれています。つまり時間は、その人の重要な資源です。ところが女性の中には、この時間をムダにする人が少なくありません。

しかし、それでも自分だけの時間であれば、損するのは自分一人だけですみます。でも、恋愛、結婚となると、恋人や夫の時間までムダにさせることになりかねません。デートで待ち合わせたら三十分遅れてきた、と腹を立てる男たちもいることでしょう。

それだけではありません。結婚して二人の子どもの母親になったとすると、夫を加えて家族三人の大切な時間が、母親のいい加減な時間観念によって、失われていくことになるのです。

女性たちはあまり気がついていないようですが、この時間のルーズさで、男がいやになって女性から離れていくケースは、非常に多いのです。

その理由は、男はつねに職場や仕事と直結しているからで、かりに、いつもいつも寝坊するような女性を妻にしたら、毎日が遅刻の危機にさらされてしまいます。うっかりすると、時間観念の乏しい妻をもったら、リストラされる危険性だってあるのです。

ところが、恋愛中の女性の中には、

「美容院に行ってきたので、遅れちゃった。でもきれいでしょ?」

と、遅れたのは「あなたにきれいな私を見てもらいたかったからよ」と、いわんばかりの言い訳をします。美しい自分を見てほしいのはわかりますが、男の多くは、ヘアスタイルを変えても気がつかないぼんくらです。

私にいわせれば、美しさの自己満足より、時間の厳守のほうが、よほど大切です。また、もっときびしくいえば、時間に遅れてきた女性に対して黙っていたり、怒らないような男では、大した出世はしません。時間を重要視しないような男では、ビジネスの世界で認められないからです。

❖言葉遣いがしっかりしている女性でないと

男たちの中には、いまの自分に合う女性より、将来の自分に合うかどうかを、女性を選ぶ基準にしている人も大勢います。とくに外資系の企業や、欧米で勉強して帰ってきた男たちの中には、社交的な女性でないと困るため、その点から考えるタイプもいるくらいです。

そうだとすると、「この人と結婚できる」と思っていても、いつの間にかエッチ友だちに落ちていることだって、大いにあり得ます。

これは特別な例だとしても、ふつうでも「顔の美人より言葉の美人」といって、美しい言葉遣いのできない女性は、いつも危険にさらされている、といえるかもしれません。優秀な男ほど、そう思っていることはたしかです。

このところ女子アナ人気が高いのも、一つには話し上手だから、といえそうです。また、聖心女子大学や白百合女子大学の卒業生には、結婚紹介所も特別コースを設けて、エリート男性を紹介するようですが、それだけ家庭教育がしっかりしていて、連れて歩いても男が恥ずかしくないからでしょう。

実際、私のように取材やインタビューを受ける立場にあると、言葉遣いのよしあしは、すぐわかってしまいます。こんな女性と結婚した男は困るだろうな、と心の中で考えてしまうことさえあるのです。

「それでさあ」「それでぇ〜」「そうじゃん」「そうだよ」——と、「そ」の頭音ではじまる言葉ほど、よし悪しの見分けがつきやすいもので、ここを直すと全体がきれいになるともいえそうです。

なにも男だけが出世するわけでなく、女性だって出世する人もいるでしょう。また、年齢と共に年輪を重ねた言葉遣いにならなければ、自分だって社会にあって困るのです。学生時代までは、それほど目上の人とのつき合いがありませんが、社会に出たら、つき合いは目上ばかり、といっていいかもしれません。

女性の真価はそのとき出るのです。はっきりいえば、言葉遣いの悪い女性には、「おれがよ〜」「そんでよ〜」という頭の悪い男しか寄ってきません。なぜなら話がよく通るからです。そんな男たちに近寄られたら、もうお手上げです。

とはいえ、「タメ語」といって、近頃では男と女の間でも、同格の友だち言葉がふつうです。女性だけ丁寧語を使うわけにはいかないでしょう。そこで、二種類の言葉遣いができるように訓練しておくことです。カルチャーセンターの話し方教室に通うとか、俳句、短歌教室でもいいでしょう。

すると自然に、ふだんの言葉遣いより、丁寧で深みのある表現を覚えていくことでしょう。私にいわせれば、四つも五つも資格をとるより、こちらのほうがはるかにトクだと思うのです。

ブランド品をもつことの重要な意味

ある会社の新人女性社員が、通勤にブランドもののバッグをもってきました。この女性社員としては、それほどぜいたく品だとは思わなかったのかもしれません。しかし、そこが職場常識のないところで、その日から、いじめを受けるようになってしまったのです。

華やかな職場に行くと、ケリーバッグは別格として、有名ブランドの服やバッグ、時計、アクセサリーをつけた女性が大勢います。しかし、それは職場の雰囲気であって、テレビ局や雑誌社のように、ファッションの先端を取材する職場だから、いわば目に立たないのです。

ところが、昼食を男たちは吉野家の牛どん、女性たちはマックのバーガーですませるような職場だったら、目について当然です。これは極端にしても、そういったぜいたく品は、まだ若いうちから絶対身につけるべきではないのです。

職場では、仕事やアイデアの出し方以外では、なるべく横並びが必要です。みんながラーメンを食べるとき、一人だけイタリアンと叫ぶようでは総スカンを食うでしょう。女性にしてみれば、身につけたいものをつけ、食べたいものを食べて「なにがいけないのよ」と思うかもしれませんが、そんな女性と結婚する男はいません。

こういうタイプにかぎり、彼の両親と会う日に、ブランドもので飾っていってしまうのです。かりに彼が次男で、長男の嫁が二人の子どもを抱えて、その日挨拶に出てきたらどう思うでしょう？　両親も苦々しく思うに違いありません。

よしんば結婚できたとしても、彼は必ず両親から、

「あんなぜいたくな娘で、あんた、大丈夫なの？」

と、暗に「やめときなさいよ」といわれているに決まっています。もちろん彼も「困った」と思っているに違いなく、それが結婚生活にも影を落として、最初からうまくいかな

くなるのです。

しかし、これは百％、女性側の原因であり、周りに気づかいする気持ちの欠如が大きな失敗を招くのです。女性はいつの場合でも、自分を中心に考えます。なぜなら、「彼の妻」という個人の生活を最終目標にしているからです。

しかし、男は社会と直接つながっており、個人《プライベート》の立場ではありません。彼には職場、上司、社長から家族、親戚までつながっており、つねにそれらとの人間関係をうまく保たなければならないのです。このことを忘れて、自分だけかっこよくしようとしても、それでは通らないでしょう。

そのとき男が女性を見捨てて、オフィシャルな立場に立ったとしても、恨《うら》むことはできません。それが社会集団の中の一人として、当然だからです。

なぜか頼りないタイプを好む男たち

「女が強くなった分、男が弱くなった」といわれますが、このことの意味を、もう少し深く考える必要があります。

近頃は同年齢結婚がふえています。これは学生時代の同級生結婚ということもあって、これからも減ることはないでしょう。

ところが、現実には同年齢離婚もふえています。ということは、同年齢は一番理解しやすいと同時に、互いに一番文句をいいやすい、と考えられます。いや、互いにというより、女性が一方的に文句をいいやすいのではないかと思うのです。

同年齢といえば、恐らく女性のほうが大人であり、女性から見れば、彼が子どものように見えるのかもしれません。だから男からすれば、頼りになる彼女なのです。なにからなにまで任せておけるし、自分は子どもになって彼女という母親に甘えていればいい、という気持ちでしょう。

たしかに、心理学上でも、二十八歳までは女性のほうが断然、社会的能力の発達がはやいのです。これを発達性差といいますが、肉体的にも、男が何人かの女性と遊んで歩いているうちに、女性は妊娠、中絶から出産まで、女の一生を経験してしまっています。

愛情も援交から失恋まで含めて、男よりはるかに多くの経験を積んでおり、精神も大人になっています。ところが一方の男は、まだ実家にごろごろして、中途半端なモラトリアム生活をつづけている頃です。

明らかに、大人と子どもくらいの性差となって当然です。ところが、男はある年齢から肉体的に急に背が伸びて、ひげも濃くなるように、社会的にも急速に大人になっていきます。早ければ三十五歳ぐらいまでに、見違えるほど社会的自覚ができてくるのです。

するとどうでしょう？　同年齢であっても、いつの間にか、男のほうが広い視野をもつようになっています。女性はそこに気がつかず、いつまでも子どもだと錯覚して、男を自分に頼らせようとします。そこで男が離れていくのです。

もうここまでくると、力強くなった男はむしろ頼りない女性をよろこぶようになるのです。いちいち指図されずにすむし、第一、頼りない女性ほど、男としての自分を尊敬してもらえます。同年齢の女性には友だち感覚の親密さはあっても、尊敬心はないでしょう。

ところが、男という生きものは、誰でも「尊敬欲求」という願望をもつようになり、尊敬しようとしない人は遠ざけるようになるのです。

企業の中でも、№2、№3といった、№1の社長の友人といってもいい経営者は、いつの間にか辞めさせられていきます。これは親しすぎて社長を尊敬しないからで、そんな人はどんなに優秀でも、捨てられていくのです。

これは恋人同士、夫婦同士でも同じです。ある時期までは頼りにしていた女性を、その後平気で捨ててしまうのです。もうそうなったら、頼られるような弱い女性のほうが自分の自由になりますし、かわいいのです。

こんな男の女性観を軽く見てはいけません。

2

なぜか男心をそそる女のこんな誘い方

❖神秘的な部分を一か所つくっておく

彼と初めて知り合ったとしましょう。そのときあなたがジーパン姿だったとしたら、次に会うときは、どんな服装で行くべきでしょうか？

もし、また同じようなラフな服装で行ったら、男はそこで、あなたの価値を決めてしまうかもしれません。

ところが二回目は、大人のおしゃれ姿で会ったとすると、男はそこで混乱します。どっちの装いが本当の姿であるのか、わからなくなるからです。

男というものは、自分の知性や職業、地位に合った女性を大切にし、それより低いと思う女性はぞんざいに扱います。このことは絶対知っておかないと、女性は大損します。

たとえば、飲み屋でアルバイトしている女性なら、一度や二度経験していると思いますが、「おい、ねえちゃん」と呼ばれたことがあるはずです。これがふつうの男の本音です。

恋愛において、最初から下位者になったら、その後の関係は女性にとってうまくいきません。そこで最初から神秘的なベールをかぶっていなくてはならないのです。一回目と二回目では、まったく違う自分を演出するのです。すると男は、目を見張ることでしょう。

私も以前、こんな女性に出会い、一体どういう正体なのか、さんざん悩まされたことがあります。

最初は汚れたパンツ姿だったので甘く考えていたのですが、次にデートを申し込んだらホテル・ニューオータニのバーを指定され、ギョッとなりました。若い女性で一流ホテルのバーを待ち合わせ場所に使うとしたら、一体どんな職業なのか？

それもウイークデーの夜だったので、クラブのホステスの可能性はゼロに近く、最初の甘い観測は吹き飛んでしまい、以後、丁寧に扱わざるを得なくなり、気がついたら、私のほうが下位者になっていたのです。

男にとって、女性の神秘的な部分はいろいろあります。住まいをまったく教えない、仕事を知らせない、携帯のメールアドレスだけは教えても、電話番号は非通知にしておくなど、どこかに秘密めいたものを残しておくと、男はその女性の価値を勝手に上げてしまうのです。

少なくとも、ぞんざいな言葉遣いや扱いは絶対しないでしょう。もしそのうえ、知的面で男を凌駕《りょうが》するものがあれば、男はもうかないません。

女から誘うというと、誰でもお色気などの積極的な方法を考えてしまうでしょうが、こういった一歩引いた誘い方もあるのです。

❖「時間」を存分にとって、つき合ってみる

男が女性とつき合っていて、もっとも不満に思うのは「時間」です。たのしく遊んでいても、「そろそろ帰らなくちゃ」と女性に時計を見られると、残念なような、寂しいような。とはいえ、夜の時間帯は遅くなればなるほど、男にとって一方的に有利になり、ときには女性もホテルに入らざるを得なくなります。

もちろん、女性にはそれも一つの誘い方ですが、その前にまず、ホテル以外で長時間一緒にいて、たのしい相手かどうかを知ることが大切です。

二人だけで話す時間を考えてみましょう。いわゆるとりとめのないダベリをしている時間は、意外に少ないのではありませんか？　案外、映画や芝居、それに食事といった〝なにかをしている時間〟を、二人でいるたのしさとカン違いしていることもあります。

なかにはデートのたびにラブホテルに行っていると、結局デート時間のほとんどはベッド上で過ごすことになり、心のふれ合いがまったくない、ということになりかねません。

すると、男のほうはいつの間にか、「この女はエッチ用」と決めてしまうのです。女性のほうはまったくそういうつもりはないのに、男の求めるままにホテルに行くうちに、か

らだだけのつき合いになってしまうのです。

これでは絶対、愛される女になることはありません。私の経験でも、男がエッチを求めると、女性はそれに応じなければならない、と思うタイプが意外に多いものです。

それでも最初のうちは、食事をしたり映画を観たりと、からだ以外のつき合いをしていますが、そのうち男は面倒くさいのと、お金を節約するために、ホテルで彼女を抱くだけのデートに切り替えていきます。

ところが女性は、これを男の愛と錯覚して、男が満足するならそれでいいのだ、と信じてしまうのです。しかし、そうなると男は断然有利な立場に立ち、ときには別の女性をつくることになります。

からだだけ愛される女性と、心とからだの両方を愛される女性では、根本的に違います。とはいえ、実は女性が自分で、からだだけ愛されるタイプになっているのです。かりにデートの初期で、話し込む時間を長くとったら、心と心のつき合いになっていきます。

男のほうは、ここで嫌われたらたいへんと、結構、神経を集めて話をするはずです。いわば話を十分たのしめたら、ごほうびを上げるというかたちにしていくのです。

もし、その会話時間がつまらないようだったら、その男とは即刻別れることです。そんな男とホテルに行っても、なんのプラスもないのですから。

男のほうも、何時間でもたのしく話せる女性であれば、少なくともエッチ相手と軽んじることはありません。むしろ大切な女性、恋人として将来、結婚を考えられる相手と思うことでしょう。

これを逆に考えれば、男と何時間でもたのしくおしゃべりできるようでなければ、男から愛される存在にはなれない、ということです。要は、女性自身の価値観を高めないかぎり、いい恋愛にも恋人にも恵まれないのです。

かわいい誘い方とは、どういうもの?

女性の中には「かわいさ」を錯覚して、手紙の便箋や封筒をピンクにしたり、なにかというと、ハートマークのメールを送ったりします。

考えてみると、少女時代のキャラクターグッズに夢中になった名残《なごり》を、二十歳過ぎてもつづけているのでしょうが、それでは頭の中が空っぽではないか、と男に疑われても仕方がありません。

たとえば、神田うの。彼女の話し方を聞いていると、わざとかわいらしさを強調しているように見えますし、笑顔も目をパッチリと開いて、お人形のようです。しかし、どうでしょう？

マスコミに何度となく恋人ができたと報道されながら、成就したことがないではありませんか。ついには婚約指輪までもらった山野美容王国の御曹子とも破談になっています。

これは明らかに、かわいらしさを間違えているとしか思えません。男はなにも、かわいらしさを強調する女性を〝かわいい〟と思うわけではないのです。かえって、頭が空っぽではないか？と男から疑われることで、マイナスの作用しかありません。

私の知っている女性で、ふだんはまじめなのですが、

「おいしいもの食べに行こう」

と私が誘うと、

「食べるだけ？」

と、ドキッとしたことをいいます。

「食べる以外になにをするの？」

と問い返すと、不意にケラケラと笑い転げるのですが、こういったかわいさが、男の胸に愛しさを育むのです。

別のいい方をするならば、本人がかわいらしさを強調しなくても、男が心の中で「なんてかわいい人なんだろう」と思ってくれれば最高なのです。

「おいしい肉を食べに行こうか？」

「目の前に立っているじゃない？」

これも、かわいいしゃべり方ですが、男の言葉を、ユーモラスに打ち返す頭の速さがあれば最高でしょう。もし、こういった誘い方をする女性がいたら、男は絶対放っておかないでしょう。

なぜなら、とてもたのしい恋愛関係が保てるし、もしかしたら結婚相手として、明るい生活を共にできるかもしれないからです。明石家さんまの笑いのとり方は、相手の言葉を即座に打ち返すたくみさだ、といわれていますが、だから中年男でありながら、女性たちから〝かわいい〟と、喝采を浴びるのでしょう。

この方法なら、女性でもできるはずです。まじめな人でも使える手法ですから、できれば、ふだんから練習しておくといいでしょう。

❖男の五感に訴えると、誘いの幅が広がる

女性の誘い方は、案外単調です。ふつうであれば「好きよ」という言葉が発せられるくらいで、せっかくの女性の武器をあまり使っていません。それというのも、顔で勝負しよ

うとするあまり、他の面がおろそかになるからではないでしょうか。

私たちは相手を認識する際、五感（五官）を総動員するといいます。大人であれば、目で視《み》る、耳で声を聴く、鼻で匂いを嗅ぐ、手や皮膚で触れる——といった四つの方法で「その人が誰であるか」を当てるでしょう。赤ちゃんは、舌（味覚）によって母親のお乳の味を見分けるといわれますが、この五感を使って好きな人を確認することもできます。

ところが、化粧やエステの進歩により、次第に五感全部を使わずに、目という一つの感覚で男を誘う女性が激増してきました。魅力ある顔で男を誘い込もうというわけです。なかには顔だけでなく、乳房や美脚も含めて、男の視線にさらす女性も少なくありません。それだけ女性たちのスタイルも、よくなってきたからです。

しかし、これだけでは他の女性たちとまったく同じで、独自性が出ません。また、美人のほうがつねにトクをする結果になってしまいます。

そうならないためにも、声の魅力や肌の香り、接触の技術、キスの味覚などによって、男に多くの特徴を売り込むことが大切です。たとえば声の魅力でいえば、電話を多用するほうがトクです。

私の知人の女性は、吐息《といき》のつき方が巧みです。

「会いたいなァ」

とささやいたあとに吐息をつくので、ついムラムラとしてしまい、我ながら興奮してしまいますが、こういった誘い方は大人の女を感じさせます。

肌の香りも、自分ならではのものをつくっておく必要があります。香水は自分でブレンドすること。有名女優になると、スポイトや注射器を使い、少しずつ香水を混ぜ合わせて独自の香りをつくっていますが、自分をつくるようで、とてもたのしいといいます。

また、エッチをする際には、絶対、女性器を洗わないことです。男は陰部の匂いによって興奮するからですが、そこから石鹸の匂いがしたら、気持ち悪くなってしまいます。女性によってはそこの匂いを悪臭だとカン違いして、コロンをかける人もいますが、ステーキがコロンの匂いをしているようなもので、それでは食べられなくなってしまいます。

接触の技術については別の章でくわしく述べますが、キスの味覚だけは悪臭を感じさせてはなりません。とくに最近は、タバコを吸わない男がふえてきたため、反対に喫煙派の女性は、恋人としてもいやがられてきています。

最近では、駅の構内から職場に至るまで、公衆の場が全面禁煙となってきました。最初のうちは知的女性を装うために喫煙の習慣をもったはずですが、いまやタバコを吸う女性は無知派、という扱いになってしまいました。タバコを吸うというだけで、恋人を逃す女性もふえてきています。

キスの味覚を落とさないためにも、この際、口臭はその元から断ちましょう。

❖男を本気にさせる、ほんの一言の工夫

男も女も、単に抱いたり抱かせたりするのであれば、それほど工夫する必要はありません。それを目的とする相手を見つければいいのですから。ところが、「エッチ」を「セックス」の関係にするのは、なかなかむずかしいものです。

つまり、遊び（エッチ）を本気（セックス）にさせるのですから、そこには愛を感じさせる一言がなくてはなりません。ところが、女性から先に愛をささやくことはできないでしょう。女性にもフラれたら恥ずかしい、という気持ちがありますから、男から先にいってもらわなければいいにくいはずです。

また、「恋愛の法則」からいって、先に愛を打ち明けたほうが下位者に立つため、女性から好意を打ち明けるときは、それなりの工夫が必要になります。

たとえば、

「私って、あなたが好きよ」

といえば、彼がイチコロになるのは目に見えていますが、最初から下位者に立ち、彼から愛されるようになる前に、エッチ友だちになる危険性があります。

そこで、

「私のこと好き？」

のほうが断然すぐれた一言です。女性は自分の本心を明かさずに、最初から男の本音を聞こうとしていますから、少なくとも下位には立ちません。

このとき男が、

「もちろんさ、大好きだよ」

と大よろこびだったら、

「じゃ、私も好きになっちゃおうかな？」

と、いたずらっぽく笑ってみましょう。

この「～しちゃおうかな？」という構文がミソで、男心を微妙にくすぐります。もう一つ、「～しちゃいたいな」というのは、もう少し積極性を出したものですが、これも使えます。いずれもかわいらしい言葉ですが、イザとなれば逃げることもできる表現です。

「今度の日曜日、誘っちゃいたいな？」

「えっ、誘ってくれるの？」

「気分だけ」

という逃げを打てるでしょう。

これはクラブのベテランホステスが使うもので、男を本気にさせつつ、じらしたり、イライラさせるときに使うもので、私も若い頃、この言葉でずい分勉強させられました。

「今夜、どう？　時間ない？」

と男が誘ったとします。

このとき「YES」といえば軽く見られ、「NO」といえば残念だというとき、「時間をあけちゃおうかな」とか「時間、あけちゃいたいな」といったとしましょう。

男は、この女性には別の約束がある、と思うはずです。でも、その約束を捨てる可能性もある。だとしたら、なんとかあけさせようと次第に熱心になるでしょう。つまり男のほうが下位者になり、頼む立場になるのです。それでいながら、約束をやめさせたことで自分の満足感もあるのですから、こういう言葉の遊びは互いにバカにならないのです。

✧視姦《しかん》という目の高度なテクニック

「女殺しの目」といって、もともと目の力は男のほうが強いものです。一時期の杉良太郎という役者の流し目が色っぽいというので、中年女性たちが彼の舞台に殺到しましたが、近頃ではテレビのみのもんたの目がいやらしいというので、女性たちが騒いでいます。

彼の場合は、嫌いだ、気味悪い、という声のほうが多いようですが、なにもいっぺんに大勢の恋人がもてるわけがないのですから、好きで夢中になってくれる女性が少数であっても、一向にかまいません。

これは女性にとっても同じことで、男殺しの目は、大勢に使うものではありません。みんながみんな「おれに色目を使ってるぞ」と思うようになったら、もう最悪です。自分が関心や好意を抱く少数の男に使うことが、まず大事でしょう。

では、その基本から考えましょう。

(1)まっすぐ相手の顔を直視して、相手が見返してきたら、ひるむことなく視線を当てつづける。

こうすると、対等のかたちで愛を交歓できるようになります。強い女性であることを示していますから、男もそのつもりで遇するでしょう。

(2)斜めから見上げたり見下ろしたり、横から盗み見するようにすると、性的に誘いをかけることになり、淫乱だと思われる。

簡単にいえば、ベッドに誘うときはこれで十分です。これでかすかに笑みをもらせば、男なら誰でもついてくるでしょう。ただし、経験豊富に思われることも計算に入れて。
(3)彼が見返してきたら、目をつぶる。これは愛を受け入れる、キスを待っている、という姿勢を示す。
目をつぶるというしぐさは、「すべてお任せ」というサインです。これはベッド上でも同じで、弱い女性を演出するときに効果的です。ほとんどの男は、このタイプの女性に好感をもちますが、同時に、自由にしやすいという安心感ももたせるので注意。
(4)視線を男の局部に当てる。また、男の目を見た視線を、そのまま下におろして局部で止める
これは非常に大胆な視線の使い方で、一種の挑発です。と同時に、「エッチがつまらなかったらお別れよ」という意味も込められており、男にとって衝撃です。弱い男なら、それだけで萎《な》えてしまうでしょう。

いわば、これは視姦といって目で犯すものです。「女殺しの目」で男にこれをされると、ほとんどの女性は性器が濡れてきますが、「男殺しの目」でも男は勃起してくるでしょう。

私も一回されたことがありますが、局部に視線を当てながら、彼女は首を傾げたのでドキッとしました。「モノがよくない」といわんばかりの態度だったのですが、このように、視線だけで男を自在に操ることもできるのです。

❖「いやよ」ではなく「いやあねぇ」

男から誘われて二人で飲みに行ったとしたら、絶対「いやよ」と冷たい拒否をしてはならないのがお酒の席のルールです。お酒は正常な感覚を一時的に停止させるために飲むものので、まじめな人でもエッチになります。

女性はここを誤解して、「まじめだと思ったから一緒に行ったのに、突然胸をさわられた」と怒り出しますが、それはあまりにも一方的です。

たしかに、コーヒー一杯でそんな態度に出たのなら、なぐろうが訴えようが自由です。ところが、アルコールは「まじめ」を一時停止させる信号ですから、それを飲んでいる間は、別人格と思わなければなりません。

同じように、エッチをしている時間もそうです。

「まじめそうだから一緒にラブホテルに行ったら、目隠しされて、手をしばられた」という女性も少なくありません。しかし、これも日常的な感覚を非日常化しているのですから、別人格が出てきて当然でしょう。

お互い裸でいるわけですから、まさかその姿で外に出ることはできません。こういったお酒やエッチのときは非日常の場ですから、論理と倫理を通用させようとするほうが無理です。

そこをまず踏まえて、「いやよ」というところを「いやあねぇ」と、論理から感情に移してみましょう。

男という生きものは不思議なところがあり、真正面から拒まれたり断られたりすると、意地になるところがあります。それは雄《おす》の本性ですから、一人ひとりの性格ではありません。せっかく獲物を見つけて、これからおいしく食べようとしているところに、その獲物が牙をむくのですから、雄は身構えると同時に凶暴になります。

男と女の関係でも、一緒にお酒を飲んで酔っぱらって仲よくなろうとしている最中に、

「私、帰る！」

などとなったら、男の大半はもうどうしようもありません。意地になっても引き止めるでしょう。「いやよ」という強い拒否には、そういった危険性が含まれているのです。

すでに一対一で酔うことを事前にOKしているとしたら、もう一歩進むことは了解内のことでしょう。そうだとしたら、「いやあねぇ」と婉曲なかたちで男をたしなめるほうが、断然すぐれています。また、「いやあねぇ」という中には媚《こ》びも入っているだけに、ある程度、男を許している言葉です。

断りつつ誘う言葉として、もっともっと使うほうが賢明です。

このほかにも「だめねぇ」「そんなに酔っちゃって」「酔って人が変わっちゃダメよ」「私がその気になったらどうするの？」「私を誘ったら、あとが怖いわよ」といった誘い言葉がありますが、いずれもお酒の席の言葉として適度な色気があり、男をよろこばせることでしょう。

大人の女は昼と夜のメリハリをつける

「昼は淑女、夜は娼婦」という言葉があるように、二重性をもった女性ほど、現代ではよろこばれるようになりました。というのも、以前のように女性が家庭に閉じこもっていた時代と違い、いまは社会に出る女性の数が多くなり、一つの顔ではすまなくなってきたからです。

それだけに、メリハリのきいた女性ほど評価が高くなっています。ホテルに入る前と出てきたときの顔は、早くも社会的な表情になっていなければなりませんが、部屋に入ったとたんに、もう一つのはげしく快楽を求める雌《めす》の顔になっている——こういう女性が男にとって最高の女性になってきています。

もともと、女性はなかなかこうはいきません。女性のからだはすぐには冷めず、余燼《よじん》がくすぶるというか、火照《ほて》りがとれません。

男のペニスは射精したら小さく元通りに戻ってしまいますが、女性の性器の中は、いつまでも濡れてうずいています。この男女差は大きく、いつでも男のほうがベッドから早く離れるはずです。

これは愛情の不足といった問題ではなく、男の生理によるものですが、女性も生理を断ち切って、メリハリをつけなければならなくなりました。メリハリとは物事の強弱をいいますが、女性の場合は恋愛したとなると、夢中になりすぎるきらいがあります。

強弱がつかないのです。同じ職場で好きになった男性がいると、夜は別として、昼間でもじっと見つめたり、エレベーターの中でもからだを押しつけたり、「仕事中心」という考えがなくなってしまいます。

これではかえって男のほうが精神的に参ってしまい、別れ話を切り出すことになるのですが、女性の中には、「なんで嫌われたのかわからない」と泣くタイプも少なくありません。愛しすぎたことがその原因なのですが、女性には納得できないようです。

しかし、現在のように、男と同じように女性も社会性をもつようになると、昼と夜、仕事と私用、社員と恋人、オフィシャルゾーンとプライベートゾーン——といった分別をきっちりしないと、互いに迷惑をしてしまいます。

男女関係といっても、年若い未婚同士ばかりとはかぎりません。多くのさまざまな関係があるだけに、そこを大人にならないと、男から信頼をもたれません。いまは「信頼」も愛の一種であり、「この女性ならなにごとも安心」と男から思われないと、うまくいかない時代なのです。

いいかえれば、メリハリをつける女性ほど、男は強く心を動かすようになってきました。

3

セックスの相性がいい男、悪い男

❖セックスの相性なくして愛は生まれない

昔のように、男と女の年齢差は五歳が望ましかった時代と違い、現代では同い年の男女が圧倒的に多くなると同時に、十歳以上も年下の男を恋人にすることもあり、また、二十歳以上年上の男の愛人になることも珍しくありません。

それだけ女性にとって、つき合いの幅が広がったということです。

さらに、そのつき合いも「結婚」を目指すものとはいいがたくなりました。というより、十六歳の少女時代から平均結婚年齢（東京都では二十九歳代）まで、十数年の恋愛期間があるため、まず結婚を目的としてつき合うより、「イイ男だわ」という第一印象で気軽につき合うタイプが激増しています。

もちろん男も同じで、まずエッチ関係をもちつつ、その中で「すばらしい女性」であれば、結婚したいという欲望が高まります。これまでだったら、相性の中には、性の相性は含まれていませんでしたが、いまや性の相性なくして、女性に愛をもつことはないくらいです。

女性もそうではないでしょうか？　いくら二人ともイタリア料理が好きだ、食べものの相性がぴったりだ、といっても、それで彼に愛情をもつことはないでしょう。もちろん食の相性は重要ですが、その前に、性格の相性や性の相性という大きな一致点がなければ、食の相性や遊びの相性は生きてこないのです。

では、「性の相性」とはどういうものでしょうか？

(1)どちらかが積極的で、どちらかが受動的
(2)どちらかが大・高・重で、どちらかが小・低・軽
(3)互いの性器が最高、と思える理由がある
(4)体臭、性器臭、足指臭、口臭がかぐわしい
(5)欲望の兆《きざ》す日数が互いにほぼ一致
(6)セックスの回数と時間の長さに、二人とも満足
(7)その男に愛されると、女性のからだがナマコのようにやわらかくなる
(8)性器だけでなく、口唇や手指もうれしい
(9)互いにいたわりの心をもてる
(10)エッチ、セックスについて、明るいところで会話ができる

この十項目です。

もし、互いにこの十項目の条件を満たしていれば、百％相性が一致しています。かりに

結婚するとすれば、七項目以上一致していないと、あとで互いに不満をもらすことになるでしょう。

それでも以前であれば、軽々しく離婚できなかったため、仕方なく我慢したものです。ほとんど性交渉をしない仮面夫婦的な生活をつづけましたが、いまでは、そんなわけにはいきません。間違いなく離婚でしょう。

私にいわせると、日本経済は退潮期に入っているため、離婚は男女双方にとって経済的に大きなマイナスです。女性も結婚さえしなければ、ひとり暮らしは十分可能ですが、一回結婚すると、子連れ離婚も大いにあり得ます。これからの母子家庭はむずかしい、と考えたほうが正しいでしょう。

また、男も離婚による慰謝料や養育費を負担するとなると、再婚もできなくなります。そんなマイナスを背負った男と結婚するイイ女性がいるとは、なかなか考えられません。そういった社会状況の悪化を念頭に置けば、できるだけ一回の結婚ですませたいところです。

幸い、婚前体験だけは何人とでもできる時代です。一般女性でも、婚前交渉の男は少なくて五人、多くて十人というのが、ふつうの状況になっています。この十人以内の男性の中から、性の相性のいいタイプを見つけるのは、それほど困難ではありません。

そのためには、この十項目の条件を頭の中にしっかり入れて、つねに条件に合う男かどうかを検討することです。

⑴どちらかが積極的で、どちらかが受動的

セックスに関してだけいえば、どちらも積極的であったり、どちらも消極的、受動的であったりすれば、うまく成り立ちません。

キスにしても、一見すると男女が口を吸い合ったり、舌をからめていて、同時に積極的に見えますが、女性の腕は男の背中に回されているだけです。ところが、男の腕は早くも積極的に乳房をまさぐったり、女性器をさすったりして興奮させようと動いています。

これは一例ですが、野球の投手と捕手の関係と似ているかもしれません。投手は強い球、速い球を投げてもいい役割ですが、捕手が投手と同じような強い球を返したら、二人の仲は険悪になってしまうでしょう。

できれば男が積極的で、女性が受動的なほうが望ましいのは当然です。

なぜなら、女性の興奮のほうが遅いため、男の興奮に一致させる必要があるからです。

これが互いに積極的だったら、必ず女性のほうが不満を抱くに決まっています。また、女

性の興奮が最高潮に達する前に、男が果ててしまうからです。

しかし、ときに女性が積極的で、男が受動的というカップルもいます。女性が年上で、男が急速に女性の手で興奮していくさまを眺めるのが大好きなタイプです。

女性がわざと男を積極的にさせず、ジワジワとよろこばせようという魂胆ですが、男が若いだけに、何度でも勃起、射精を繰り返せるので、年上の女性にとって、じっくりとたのしめます。

このカップルも非常にうまくいきますが、もっとも相性の悪いのは、どちらも受動的という男女です。セックスに興味がないか、ほかに好きな人がいるかのどちらかですから、この男女が一緒になってうまくいくはずは百%ありません。一種のセックスレス夫婦になってしまうでしょう。

この第一項目は、もともと項目として立てるほどのものではありませんでした。なぜなら、男と女が愛し合う基本だからです。ところが最近は、男性の女性化、女性の男性化の流れが強まったため、「男は積極的」とばかりいいきれなくなったのです。

それだけに、つき合いはじめたら、女性のほうから確かめるほうが無難です。手を握っても握り返す積極性のない男なら、即座に断ったほうがいいでしょう。それこそうまくいく男なら、握る→握り返す→手をふりほどく→その手を追いかけてまた握る、といった遊びが他人にわからないようにできることでしょう。

⑵どちらかが大・高・重で、どちらかが小・低・軽

性の相性には体型が重要です。かりにどちらも同じ身長、体重だったらどうでしょう？意外に合わないことがわかるでしょう。いや、まったく合わないとはいいきれませんが、性の体位で使いにくいものが出てくることはたしかです。

欧米に行くと、日本式の四十八手の体位は非常に珍しがられます。なぜ珍しがられるかというと、男女とも同じくらいの背丈では、不可能に近いものがたくさんあるからです。簡単にいうと、座位（あぐら位ともいう）がそうです。男のあぐらの中に女性の腰がすっぽりはまるからこそ、この座位は成り立つわけで、女性が小さく軽ければ、互いに最高の悦楽を感じることでしょう。

これはほんの一例ですが、男女ともボブ・サップのような体型でうまくいくとは考えられません。

性的相性の中には、単に挿入の具合いのよしあしだけでなく、視的興奮というものがなければなりません。男からすれば、自分に組み敷かれた女性が悦びの声をあげている、そ

の様子を眺められるからこそ、満足の極致に達するわけです。

女性にしても、骨も砕けよとばかり、男の強い力で抱かれたまま、男のペニスで貫かれるからこそ、よけい興奮するわけで、これが男女とも同じくらいの力では、互いに満足できないのがふつうです。

そこで、和田アキ子のような力強い女性タイプなら、逆にその女性に抱きしめられるのをよろこぶマゾ型の男でないと、うまくいかないでしょう。

いまのように女性の体型がぐんぐん伸びて、欧米女性に匹敵するようになると、幼児姦が激増します。

男のロリコン趣味が大問題となっていますが、「黒髪で背が低く、オッパイの小さい丸顔の子」が一番危険です。なにしろ渋谷の相場では、ふつうの女の子の三倍というくらいなのです。男が「小・低・軽」の女性を求めても、そのタイプが少なくなったからです。本来、男は女性に「小・低・軽」の理想を求めているのです。

もし、女性が「大・高・重」タイプであれば、思いきって「小・低・軽」の男を選ぶことです。そのほうが、男から不満をもたれません。

かりに、同じぐらいのタイプの男とつき合ったら、ことごとに、

「きみは重すぎるよ」

「大きすぎて、いろいろな体位が試せないよ」

と、文句をいわれるかもしれません。それになによりもまずいのは、男がもっとも求める「かわいらしさ」を感じさせない点です。

できれば、この条件に合うタイプとつき合うことをすすめます。

⑶互いの性器が最高、と思える理由がある

性の一致の中には、性器の一致も含まれています。

しかし「太平洋の中のマッチ棒」といったケースは、ほとんどないといわれます。そういった表現がなぜできたかというと、昔の日本では、女性の多くは支配階級に奪われてしまうため、一般庶民の男たちは、結婚したくてもできない状態が長くつづきました。

そこで一回、芸者や女郎として働いた女性を落籍《らくせき》させて、女房にするのがふつうだったのです。小説で有名な捕物の親分たちの恋女房は、ほとんど芸者上がりですが、それでも子分たちにとっては憧れの的でした。

この芸者や女郎として働くうちに性器が大きく広がったため、昔の女性ほど広膣タイプが多かったといいます。

それに対し、男たちは肝心のペニスを使うチャンスがありません。鍛えようとしても女性がいないのですから、非常に小さく短かったそうです。だから浮世絵に見る巨根願望が、男女双方にあったのでしょう。

いまの日本男性の平均サイズは12～13センチといわれます。欧米人から比べたら子どもぐらいの長さですが、それだけに女性器の上つき、下つきは重要です。

女性器がおへそに近ければ上つき、肛門に近ければ下つきですが、この位置に合うペニスのサイズと体位が、女性には必要となります。

いわゆる正常位でも、女性の脚を伸ばした伸長位と、脚をくの字に曲げた屈曲位がありますす。伸長位は上つき、屈曲位は下つきの女性向きですが、こういった体位で、男のペニスが十分奥まで入るようなら、その男のペニスが何センチであろうと、まったく関係ないのです。

どんな体位であっても、そのうちの一つでもペニスが奥深く侵入して、女性が強い快感をもてるようなら、そのカップルの性器の相性は合っています。

性器の相性が合わないというのは、一例としていえば、

(1)男のペニスが短いのに肥満型である

(2)女性も太っているのに下つきである

こういったケースだと、女性器の奥までペニスが達する体位をとるのが苦しくなります。この場合は、互いに最高だと思えないでしょう。

とくに男は、いつでも苦労してペニスを挿入しなければならない、と思うだけで屈辱感を抱くようになります。自分のペニスが短いことを知っているだけに、よけいまずい気分になるのでしょう。そこで毎回、男が苦労して挿入するようなら、性器が合っていないと考えるべきなのです。

反対に、いつも軽々と挿入して奥まで達するようなペニスであれば、女性にとって最高です。そんな男なら、とりあえず離しては損です。

⑷体臭、性器臭、足指臭、口臭がかぐわしい

本当に性的な好みが一致すると、性行為中はどんな匂いも気にならないどころか、かぐわしく感じるものです。女性でいえば、男くさい匂いはふだんはいい感じではありませんが、性行為中となると、その強烈な匂いが、たまらなくセクシーに感じるはずです。

私は若干わきがの気があります。ところが女性たちにいわせると、ディスコなどで性的興奮が高まると麝香《じゃこう》のような匂いになるとのことで、これが一時、人気になったことがあ

ります。

これは一例ですが、どんな匂いであっても、性行為中に、それが好ましく感じられないと長つづきしません。

とくに女性の場合は、フェラチオにより精液を飲むこともあり、その匂いがイヤだったら、まず性的相性は合っていない、と思わなければならないでしょう。毎回毎回、イヤイヤ飲んでいるようでは、男も愛せなくなってしまいます。

では、その女性は精液拒否症でしょうか？　いえ、違います。本気で愛したときには、その匂いが嫌いとか好きという前に、愛する男のものであれば、なんでも舐《な》めたくなるし、しゃぶりたくもなるうえに、食べて飲んでしまいたくなるものです。

これはまた男でも同じです。クンニリングスといって、女性器の中に舌を入れて、愛液を舐めとる方法がありますが、たしかに女性によってはアポクリン腺の分泌物が異臭を放つこともあります。

性行為をはじめた直後に、69（シックス・ナイン）の型で互いに性器を舐め合おうとすると、とてもその強烈な匂いに口をつける気にはなれませんが、その後、互いに絶頂感が近くなると、男はその異臭でさえも、たまらなく欲しくなるのです。

男と女の性的牽引《けんいん》の法則ともいうべき匂いの好みの一致は、これほど重要なものなのです。男も女も自分の性器臭、体臭を好きな人はいません。ふつうの男で自分の精液の匂いが大好き、という人はいませんし、女性でも自分の性器臭がステキ、と思う人は絶対いないでしょう。

ところが、セックスの最中になると、その嫌いな自分の悪臭ともいうべき匂いを相手が好んでくれる、という点で愛情が強く湧き上がるのです。

それこそ自分の足指の一本ずつ、丁寧にしゃぶってくれる男なら離してはいけません。また、愛する男であれば、こちらもそのお返しをすべきですし、それによって男はさらに女性を愛しく思うようになるのです。

⑸欲望の兆《きざ》す日数が互いにほぼ一致

たとえば、男が毎日でも女性を欲しいのに、女性側は一か月に一回で十分、という性欲のアンバランスがあれば、到底、二人の生活を長つづきさせるわけにはいきません。性の相性の中には、性欲の一致も重要な位置を占めるのです。

とはいえ、完璧に一致するのが最高か？　といえば、それは違います。「ほぼ一致」といって、女性のほうが少し欲望が少ないくらいでないと、うまくいきません。なぜなら、男の場合はペニスが勃起しなければ、女性の欲望に応えるわけにはいかないからです。

結婚生活上で、もっともうまくいくケースは、女性が週一回を望んでいるのに対し、男は週に二回したい、というくらいだそうです。

女性は男の性欲の強さを知っています。女性は男の積極性によって陰部に潤いが出てくるのがふつうです。また、その積極性を「自分への愛情の証《あか》し」と、とらえることもできるので、週に一回でいいと思いつつも、もう一回愛されることを拒む理由もないのです。

なかには「うれしい」と、夫にかじりつく妻もいることでしょう。

ところがこれが逆で、夫は週一回でちょうどいいと思っているのに、妻はそれでは物足りないとなると、新婚時なら夫もよろこんで応じますが、次第にくたびれてきます。

さらに都合の悪いことに、

(1)次第に妻のからだにあきてくる

(2)仕事が忙しくなってくる

という、二つの理由が浮かんできます。

しかし、ここでもっとまずいのは、

(3)ほかに女ができたのではないかと疑われる

(4)妻のからだが開発されて、ますます欲望が募ってくるという理由が重なります。

こうなってくると、完全に性の不一致となり、離婚も間近となります。男からすれば、性欲のあまりにはげしい女性は運を落とすことにつながりかねません。反対に、女性は男より欲望を少なめにするよう、別の仕事なり趣味なりをもつことが必要となります。毎日のように、夫が帰る頃になると化粧をするようではよろこばれません。

実際、いまの女性たちはいいことに、ほとんどが共働きのため、この項目は誰でもクリアするはずです。反対に「まったく性的欲望がない」という点で、日数の不一致が起こることが多いのです。

これは結婚前の性的関係が、あまりにまじめすぎたということであり、婚前はできるだけ奔放につき合って、たのしみを多くすべきなのです。

⑹セックスの回数と時間の長さに、二人とも満足

セックスの日数ではなく、一晩の回数や時間の長さの一致も重要です。男女とも、回数や時間の長さは個人差があります。それだけに、これが合わないと強い不満が男女双方に起こってしまいます。

一般論でいえば、若いうちは「回数が多く、一回の時間が短い」はずです。なぜなら、若い男ほど精液の製造能力が活発だからです。なかには「ヌカ三」といって、ペニスを抜かないまま女性器の中で勃起して、三回は射精できる、という男もいるほどです。

女性もまた、何回でも快感が欲しくなり、「一晩七回ぐらいした」という人も少なくないようです。これは昔では、あり得ない話でした。というのは、十代の男女が遊びのセックスをできる環境になかったからです。

しかし、回数が多いということは、一回の性交時間が短い、ということでもあります。たしかに、若い男は包茎が多いため、女性器の刺激に耐えられず、あっという間に射精してしまうでしょう。ところが、女性は次第に「動だけでなく静のよろこび」を欲しがるようになります。

女性器に挿入したままおしゃべりをしたり、キスをしつづけるといった「間《ま》」を大切にしたい、と考えるようになります。ここで、つき合ってしばらくするうちに、相性の合う、合わないの問題が出てくるのです。

また、男も十代から二十代へと向かい、学生から社会人になっていくと、時間が足りなくなってきます。彼女とホテルに行っても二時間しかないとすると、せいぜい二回が限度となります。

そんな男と女の生活や考えが次第に固まっていくうちに、二人が満足する回数や時間の長さができ上がっていくものです。このとき、どうしても合わなければ、いまのうちに別れておくことです。

一般的にいうならば、回数は一回だけで、その一回を充実させるタイプの女性ほど、男から愛されるようになります。とりあえず、これをルーチンにしておけば、男がどうしても女性を欲しがるときは、ルーチン以外に回数を加えればいいのですから。

こういった男性心理を知っておくことも、性の問題では必要でしょう。

⑺その男に愛されると、女体がやわらかくなる

女性とつき合っていると、ひどく驚くことがあります。

セックスのとき、「こんなかっこうをさせて苦しくないか」と、こちらが心配になるにもかかわらず、女性のほうは、からだがナマコのようにグニャグニャになって、どういうスタイルにもなってしまうからです。

ふだんならできそうもない、からだを二つ折にした姿勢とか、片脚を大きくもち上げて股が裂けてしまうほどの開脚など、ラクラクとこなすほどからだがやわらかくなってしま

うのです。これこそ性の相性の極致で、好きな男と抱き合うと、心もからだも溶けてしまうのかもしれません。

不思議なことに、この様子は男にもはっきりわかります。立ったままキスしているだけで、もう女性のからだがズルズルと崩れ折れるように座り込んでしまうからです。この時点で女性は、自分のからだを自分で扱いかねるほどグニャグニャになっているもので、男は女性の全体重を受け止めることが、むずかしくなってきます。

もし、女性が、キスだけでもそういう崩れ方をするようであれば、彼女は男を愛しています。愛の言葉をいわなくても、はっきりわかります。

反対に、「愛しているわ」と女性がささやいたとしても、立ったままのからだがシャンとしていたり、ベッドに入っても緊張感が背骨に走っていて、なんとなく柱を抱いているようであれば、その愛の言葉はウソです。かりに、そのままエッチしはじめても、からだは絶対グニャグニャにはならないでしょう。

ではなぜ、それほどの違いが女性に出るのか？　それは信頼感です。もし、女性に男への信頼が弱ければ、からだのどこかに鍵がかかってしまい、自由になりません。反対に、信頼が強ければ、全身のどこに男の手が触れようが足が触れようが一向にかまいません。

むしろ、できるだけからだの外面だけでなく、内部にまで指や舌、あるいは男性器を侵入してほしいと願うのです。そう願っただけで、女性のからだは骨抜きになってしまうのです。女性がそうなるようだったら、絶対その男を逃がしてはなりません。

❖(8)性器だけでなく、口唇や手指もうれしい

性の一致には、手指や口唇の愛撫も一致します。性器がぴったり合うだけでなく、手指の感触や口唇の嗜好《しこう》も合ってきます。

女性には、手が温かい男、冷たい感触の男——このどちらかを好む習性があるはずです。一般論でいうと、手指の細い女性ほど冷たい感触を好むといわれます。口唇も厚く、ぽっちゃりタイプの女性は、同じく温かい男を好むといわれますが、これだけはあくまで個人の好みであって、統計ではわかりません。

たとえば、出っ歯の明石家さんまが、同じく出っ歯の久本雅美と合うかといわれると、多分、キスしながら歯がぶつかってしまうため、うまくいかないでしょう。これだけは二人の出会いから、性的触れ合いに至る過程の中での好みでわかることで、経験なしにはむずかしいのです。

女性によっては男の長い指を見ただけで、性器が潤ってしまうという人もいるほどです

が、これは指を疑性性器と見立てているからです。また、男には、あまり大きな手の平をもつ女性を好まない性質があります。それはペニスを握らせるとき、小さい手の女性ほど「まあ、大きい」と、ほめ称《たた》えてくれるからです。

実際、私はあるとき、往年のプロ野球名選手の娘と知り合ったことがあります。

彼女は男運がないと嘆いていましたが、その理由は父親譲りのグローブのような大きな手にある、といっていました。この手で彼のペニスを握ると、男がコンプレックスを抱いてしまう、というのです。

若い頃の男であれば、女性が両手で握れるくらいの長さをもっているのがふつうですが、彼女の手だと両手で握ったら、見えなくなってしまいます。笑い話ではありませんが、こんなくだらないようなところで、男は自信を喪失してしまうのです。

唇も同じで、アメリカ人女性のような真紅《しんく》の大きな唇で迫られると、男は嚙み殺されるのではないか(笑)と逃げたくなります。また、フェラチオにしても、小さな口に無理矢理頰ばってくれるからこそ、その女性を愛しく思うのです。

前に(2)項目でも述べましたが、ペニスの大きさを強調してくれる女性の小さな口唇が、男を異常に興奮させるのです。

こう考えてくると、必ずしも性器の一致まで進まなくても、手を握り合ったり、唇のキスといった初期の段階で、ある程度の性の一致はわかるものなのです。

❖⑼互いにいたわりの心をもてる

「よかった？」

「すっごく！」

たったこれだけでも、愛し合っている二人は、セックスのよろこびを倍加させることができます。

「性的相性の心の条件」ともいうべき二人の関係があります。それによると、
(1)相手によろこびを与える言語的行為が多い
(2)相手をよろこばせる無言語的行為、たとえば笑顔、キス、抱擁、プレゼントなどのほかに、からだや腕で支える行為が多い
この二つの条件が必要だそうです。

言語的行為も無言語的行為も、よく見ると、いたわりの心から発しているものであることがわかるでしょう。

「大丈夫？」

「大丈夫」

かりに初体験のとき、男と女の間でこの短い会話が交わされ、熱い抱擁があれば、その男女は必ずうまくいくことでしょう。

もし事後に、男が「ああ、さっぱりしたよ」と自分勝手なことをいうようだったら、女性は心の中で憎しみの感情をもつかもしれませんし、反対に、「あなたって自分勝手だから、痛かっただけよ」と、怨みがましい言葉を男に投げつけたら、二人の間柄はどうなるでしょうか？　間違いなくその後、別れることになるはずです。

互いにいたわりの心をもてる、ということは、二人分の気持ちを考えられるようになった、ということで、いわば大人になったのです。つまり、二人がまだ子どもで、単にエッチで遊んだ仲であるなら、いたわりの心をもてるわけがありません。

それこそ、男女ともいたわりの心が芽生えないことには、結婚は無理です。

「やらせろよ」

「今夜はイヤなのよ」

こんな会話をする男女がうまくいくでしょうか？

「もう一回やらせろよ」

「明日、早いんだからやめてよ」

こんな会話も同じです。

しかし、マンガにはこんな二人がいっぱい出てきます。これも逆にいえば、マンガに夢中になる男女では、性的相性の心の一致など、ほとんどあり得ないということです。心が大人になっていません。

だから、エッチの最中に、いたわりの言葉をかけたり、いたわる動作をするような女性であれば、男はなんとしても一緒になりたい、と思うことでしょう。

⑽エッチ、セックスについて会話ができる

男女のセックス調査をすると、「二人の間でエッチやセックスの話をしている」というカップルは十人中二人以下です。八人は「そんなこと恥ずかしくて話せない」と答えます。女性だけが恥ずかしいのかと思うと、男も恥ずかしいといいます。

しかし、単に「よかった」といっても、何がよかったのかを互いによく確認しておかないと、次第に行き違いが起こります。

ここに「喃語《なんご》」の重要性が出るのです。喃語とは、男女のイチャイチャ話です。恋人や夫婦以外の人が耳にしたら、聞くに耐えないような猥語《わいご》やエッチ語でしょう。しかし、こ

の甘い会話の中に二人の仲のよさが育まれるわけで、また、これによって互いのセックス技術も磨かれるのです。

つまり、性の相性とは、なんの努力もせずに一致するものもありますが、努力と研究によって開発されるものもあるのです。

男が女性に対し、

「オ××コのどのへんが感じるの？」

と聞いたとき、ただ、

「そんなことわからないし、恥ずかしくていえない」

と女性が答えるようでは、男は完全に不満を抱いてしまうでしょう。

恥ずかしくても、

「じゃ、入れてみて」

と積極的に奥のほうなのか、入口の天井近くなのかなど、男に協力するような女性であれば、男は愛しくて抱きしめてしまうのです。

女性もまた反対に、男が女体のどこによろこびを感じるのか、枕言葉に聞いてみることです。枕言葉とは寝物語のことで、ベッドで一緒に寝ながら話すので、恥ずかしいことでも相当突っ込んで聞くこともできるでしょう。

こうした会話ができる二人であれば、セックスのあと、なんとなく不満が残るということはなくなります。むしろ互いに、最高の絶頂感を迎えられるわけですから、次第に離れられなくなるのです。

この会話でもっとも大切なことは、二人の間でどこまで正常か、どこから異常かを決められることです。どんな男女でも、一人ひとり趣味、嗜好が違います。だからセックスでは、道徳的な線引きは不可能なのです。

ことに近頃はジェンダーといって、文化、趣味によって性別を決める、という方向になっています。

逆にいえば、どんな趣味をもっていてもいいのです。その代わり、その趣味に合わなければ別れなければなりませんし、性的趣味、嗜好がぴったり一致するなら、それは二人にとって正常なのです。

人によっては、結婚してから「夫は異常だ、変態だ」と騒ぐ妻もいますが、それこそ恋人時代に、寝物語をしてこなかった報いといえるでしょう。女性からも積極的に、この喃語に参加しましょう。

4

遊びの恋だって、ルールがある

❖お金や品物を要求したら、遊びではない

互いの遊び心から性的関係を結んだにもかかわらず、金品を要求したら、もはやそれは遊びではなく、一種の契約関係でしょう。ちょうど企業に就職して働く人とフリーターの違い、といっていいかもしれません。

遊びのたのしさはエッチの満足であり、その満足さえ得たら、あとは自由でありたい、と思っている人も少なくありません。

たしかに、性的関係を結ぶと女性のほうが損をします。妊娠の危険性もありますし、もし中絶となると、からだを傷めることになります。あるいはまた、女性のほうが性的関係に進んだ場合には、愛情というやっかいな代物が心に出てきます。

男は精子をバラまくのが雄の仕事と割りきっていますから、愛情とセックスを一緒にすることはありません。

「同床異《どうしょうい》夢《む》」といって、一緒に寝ていながら、互いにまったく異なる夢を見ているのですから、男女は永遠にわかり合えない、といっていいでしょう。それでも女性の結婚願望が減ってきたため、ずいぶんとトラブルが少なくなりました。とはいえ、まったくなくなっ

たわけではありません。

しかし、遊び心から性的関係をもった男女が、そのまま結婚して、うまくいく道理がないのです。

そこで、女性も遊びに参加した以上、少しは損を覚悟してたのしんだほうが、結果はトクをすることでしょう。損はしても、それこそ「しびれるような快感」を経験できるのですから。

そのうえ、一人の男とつき合った経験もプラスでしょう。また、その男から得るさまざまな話題や人脈も、得がたいプラスといえます。それだけに、金銭や品物を要求したり、あとでマスコミにバラすなど、あまりいい女の振舞いとはいえないかもしれません。

男が自分の意思で贈るぶんには、なんの問題もありませんが、要求するのはやめたいところです。もしそうであるなら、最初から契約を結んでおくほうがきれいですし、うまくいくことでしょう。

❖みだらと野卑《やひ》は根本から違う

女性には、堕落思想があるはずです。

昔から恋することを「恋に走る」「恋に堕《お》ちる」「恋の闇路」などといってきましたが、恋の行先は暗いもの、と決まっていました。それは恋愛を禁止していた時代があったからですが、そんな時代でも、女性が恋愛をしたということは、いかに女性のセックスが快楽であったか、ということです。

では、その快楽に満ちたよろこびを、結婚生活でもてるでしょうか？　それは「ＮＯ」といわざるを得ません。なぜなら、日常空間で非日常の行為をしようというのですから、よろこびやたのしみは半減して当然です。

さらに、日常的に生活している夫と妻が、日常の衣を脱ぎ捨てて非日常になろうとしても、限界があります。また、ときには隣室に気をつかわなければなりませんし、行為に浸っているときに、電話や訪問のベルが鳴りひびくかもしれません。

まして子どもがいるとなると、寝静まったあとか留守を狙わなくてはならず、その意味でも、完全に非日常の空間に浸りきるのは至難のわざです。

だからこそ遊びの愛が、それだけ広く使われるようになったのでしょうが、そこではできるだけ、みだらになるのがルールです。互いの性欲を刺激し、羞恥心を忘れて、本能のおもむくままに相手をむさぼるように求める——だからこそたのしいし、次の逢瀬《おうせ》を約束し合うことになるのです。

しかし、このみだらには、笑いやたのしさがなくてはなりません。片方がいやがり、泣き叫んだり、みだらといっても野卑で下品な言葉や行為をすればいい、というものではありません。とくに互いに屈辱を味わわせるようでは、愛のよろこびはなくなってしまいます。この境界線を知っている男女が、たのしみ合えるのです。

もっと別の角度からいうと、心もからだも開放されたようになる恋愛なら、それは最高であり、反対に、どんどん自分がみじめになったり、顔が暗く悪相になるようなつき合いだったら、即座に中止しなければならないでしょう。

女性でいえば、いつの間にかセクシーになっている恋愛であれば、そのみだらな愛の時間は、ぴったり合っているはずです。

◈一つの恋にのめり込まない

現在、男女の関係には、

(1)真剣な結婚
(2)真剣な恋愛
(3)遊びの恋愛

この三つの関係があるように思えます。

もともとは(2)の真剣な恋愛をへて、(1)の真剣な結婚に進むのが常道でした。いまでも、その道をたどる男女は大勢います。しかし、結婚が高齢になったことで、宙ぶらりんの時代が十年以上もつづくことになってしまいました。

その間、男女は学生時代から社会に出るまで、つねに一緒です。軍隊に入って女っ気のない数年を過ごす、他の国々とは根本的に違うのです。だからこそ、それなりの男女関係をつくらなければ結婚に到達しない、ともいえます。

また、もっと別のいい方をすれば、結婚まで数多くの恋愛、恋人、エッチを重ねてきて、イザ結婚となったら、それらを一斉整理して、一人だけの相手とつき合っていけるものでしょうか？

私は無理だと思います。だから離婚がふえるし、浮気も夫だけでなく、妻もしたくなるのです。それは十分開発された心とからだを、自分自身でコントロールできなくなった、ということです。

そうだとしたら、結婚したあとでも、遊びの恋愛か真剣な恋愛かのどちらかをつづけるほうが、うまくいくような気がします。

既婚者同士の真剣な恋愛は、結婚生活への疑問となり、ときに離婚、再婚といった大きな運命の転換になるかもしれません。反対に、遊びの恋愛は、結婚生活を長く維持するための活力源といえるかもしれません。

表現はむずかしいですが、人間は仕事ばかりでは生きていけないといわれ、遊びも奨励されています。

仕事を緊張、遊びを弛緩《しかん》と置き換えれば、もっとよくわかります。緊張つづきの結婚生活から逃がれて、たまには精神をゆるめる遊びの恋愛に浸ることが、再度、結婚生活をうまくつづける活力を生む、とも考えられます。

ずいぶんとずるそうな論調ですが、実際そう考えている男女が多いからこそ、ラブホテルも大繁盛し、隠れ家レストランから露天風呂つき温泉まで満員になっているのです。

もし、既婚者同士の真剣な恋愛であれば、結婚の可能性もあるのですから、その恋にのめり込むのは当然です。しかし遊びの恋であれば、絶対それにのめり込まないことです。女性はとくにのめり込む体質だけに、ここはなるべく浮気女でいることです。

「長くて半年がいい」という声を聞いたことがあります。それくらいのつき合いだと互いの心情や環境を知らずにすますことができる、というのですが、これは一人ひとりで違うでしょう。

なお、二人が独身同士なら真剣な恋愛をしつつも、エッチ友だちを別にもってもいいのです。私の教えた女子学生たちは、「彼氏一人、エッチ友だち五人」などと平気でいっていたほどです。それだけ奔放な男女関係を、十代からもっているということです。

遊びの恋愛だったら、部屋には行かない

真剣な恋愛であれば、互いに相手のすべてを知りたいと願うのは当然です。だとすれば、部屋を見たい、見せたいと思うことでしょう。しかし、遊びの恋であればエッチ中心ですから、できるだけ神秘性をもたせたほうがたのしいでしょう。互いに生活の裏側を見せないほうが、うまくいくはずです。

「部屋を見たい」

と求めるのは、その意味でもルール違反です。できればシティホテルも使わないほうが賢明です。シティホテルは、つねに廊下を歩いている人がおり、必ずドアの下から声がもれていきます。

フロントやボーイは、二人一緒に入ろうが、別々に入ろうが、「この二人はエッチをしにきた」と、カンでわかるようです。なかには、ドアの外で盗み聞きするボーイもいるといいますから、シティホテルは使わないほうが賢明でしょう。

やはりエッチには、ラブホテルが合っています。また、ラブホテルに入ることで、急速に女性はその気分が高まり、同じエッチでも、こちらのほうが満足度が高いはずです。

できれば、互いの住む部屋から離れた方角に行くほうがいいでしょう。そのほうが気分がリラックスします。男の中には、会社から離れたいという希望をもっている人もいるので、そこも要チェックです。

この本の読者の中には、そういう人はいないと思いますが、出会い系でラブホテルに行くときは、念のため、その場所がどの辺かをしっかり知っておくことです。まったく未知の駅や町のラブホテルでは、なにかあったとき、逃げる方向もわかりません。

また、携帯の写メールで局部を撮るときは、必ず自分のものを使うこと。ハメ撮りはよほど親しくなった仲でないと、絶対写してはならないでしょう。出会い系の男は必ずといっていいほど、局所、ハメ撮り、録音の三点セットできますから、夢中になっているうちに、撮られないことです。

❖これだけは絶対口にしてはいけないルール

遊びだと思っているうちに、突然、

「結婚したい」

と女性がいったらどうでしょう。男はびっくり仰天してしまいます。

同じように、男からエッチしている最中に、

「百万円ほど用意してくれないか」

といわれたら、女性はどうしていいかわからなくなってしまいます。これは「ハメ借り」といって、ホストがよくやる手です。

ホストの場合は、さんざん女性をじらして興奮させ、もう挿入してもらわなければどうしようもない、というときになって、

「白いベンツがほしいなァ」

とささやくのですから、地獄での拷問のようなものです。これはホストだからできる手であって、ふつうの男女では、こうはなりません。

とはいえ、「ハメ借り」は、ペニスを抜き差ししつつ借金をいうのですから、「いやだ」といえば抜かれてしまいます。そこで仕方なく承諾するわけですが、その承諾とともに、男ははげしく律動を開始するのですから、女性は絶頂に達してしまいます。

こうなると、次にも借金が待っていることになり、男は体《てい》のいいヒモになってしまうでしょう。

「結婚してほしい」もルール違反ですが、この「ハメ借り」も同じです。どちらにせよ、ルールを破った場合は、即座につき合いを中止しないと、「まぎれ」が出てきます。そのつき合いがどうなっていくか、自分でも読みきれなくなってしまうのです。

恋の闇路を迷ったら、もう前の道に帰るわけにはいきません。そうならないためにも、男女とも我慢すべきところは我慢しないと、互いに大ケガをしないともかぎりません。

互いに交わす言葉でも、「愛している」はなるべくいわないこと。「好き」「大好き」で止めておくほうが賢いはずです。一歩手前で止めておく――これがこれが言葉のルールといっていいかもしれません。

5

もっと強い恋愛力を
もつ女になる

❖話を深めないと、相手の真価は光ってこない

いまの時代は、なんによらず「力」を必要としています。営業マンでも、成功するのは強い営業力をもっている男であって、ただ営業に出歩いているだけでは、商品も売れません。

同じ商品を売っていながら、なぜ営業力をもっている人のものがよく売れるのかといえば、その人間の魅力も加わるからです。

恋愛も同じです。いつも男たちの目を惹《ひ》き、憧れを抱かれる女性は、強い恋愛力をもっているからなのです。ただ男と食事をしたり映画を観に行くのでは、男にとって、単に知り合っただけの一人であり、なんの興味もそそりません。

それでいて「いい男がいない」と嘆いているのは、女性に発見力、開発力がないからです。

もっともわかりやすい例として、私自身の話をしてみましょう。私のオフィスには、大勢の女性編集者がやってきます。この女性編集者の中には、ただ「ハイ」「イイエ」ばかりいって、原稿をもって帰るタイプもいます。

それに対して、私に興味をもって、いろいろな質問をし、新しい発見をするたびに、

「それって、プランになりますね。やっぱり先生の女性経験ってすごい！」

と、目を輝かせてうなずく編集者もいます。

これでわかることは、話を深めなければ、相手の真価は光ってこない、ということです。恐らくノーベル賞の田中耕一さんも、一回や二回、うわっ面《つら》の話をしたくらいでは、真価がわからないタイプです。

ところが女性は、意外に話好きなくせに、男が望んでいる話に入ってきません。それは一つの話を深く掘り下げる話題が苦手だからです。

かりに、男がそうした話に熱中すると、

「私って、むずかしい話って苦手なんです」

と、自分から逃げてしまい、一種の世間話のような、テーマ性も結論も出ない種類の話に戻ってしまうのです。

私にいわせると、「惜しいなァ」と思うのです。男が深く話していく中に、その男の真価が入っているのに、それを自分から避けてしまうため、本当に「いい男」かどうか、判断できなくなってしまうのです。

それでいて、ファッションの話、好きなタレントの話、おいしい食べものの話に乗って

こないというだけで、

「つまらない男だったわ」

と、あとで女友だちに報告してしまうのです。

多くの男は、こうして落胆したり絶望していくのですが、それは無理もありません。女性の基礎知識を知っていないのですから。

私のように長いこと女性にかかわり合っていれば、最初のうちは彼女のおもしろがる話題で興味を引き、次第に専門の知識をちょっぴりずつ話すようにするのですが、そんなテクニックをもっている男は、ほとんどいないのです。

そうだとしたら、営業セールスになったつもりで、相手の話をじっくり聞いていきませんか？

男の中には、なかなか本当の話をしないタイプもいます。そのタイプこそ狙い目なのです。ペラペラしゃべる男は、単に実力のない自分を売り込んでいるだけで、そんな男に目のくらむ女性は、所詮、あとで失敗を嘆くだけです。

恋愛には二種類あり、遊びと真剣なものに分けられます。男も本当に愛したいと思う女性のときは、臆病になるのがふつうです。それを表面から見ると〝つまらない男〟と映るでしょうが、そこを内面まで探っていきましょう。思わぬ玉が発見できるのです。

❖ちょっとした一言と微妙な動きで妄想を誘う

あなたは男に、妄想《もうそう》を抱かせられますか？　恋愛に強い女性は、相手の男にインパクトを与えるもので、もしあなたと会った夜、彼があなたのことを思い浮かべるようであれば、それは大成功です。

あなたの言葉の端々だけでなく、それこそ乳房でも、唇の魅力でもかまいません。「ああ、抱きたいなァ」と思わせてもいいのです。男がベッドに入ってもなかなか寝つけず、あなたの全裸を想像してオナニーをしてしまうようだったら、それこそ万々歳です。

そんなことを私がいうと、

「私はそんな女ではありません」

と怒るかもしれませんが、昼は知的女性でありながら、夜は娼婦のごとくに変身する女性こそ、男の最高の女神なのです。

男と女では少し妄想の種類が違うようですが、素人の男が座禅を組むと、初めのうちはとても無念無想にはなれないようです。まず、女性の裸を想像し、さらにエッチしている様を妄想するとか。いわばそれが男の姿なのですから、恋愛力といっても、知的に武装するだけでは、かえってうまくいきません。

すぐれた恋愛力をもつ女性は、デートに胸の開いた服を着ていくだけではなく、ほんの一言、

「案外、大きいでしょ」

と、かわいらしく笑います。この一言があるからこそ、その夜、男は妄想にもだえるのです。

彼の腕をとって歩くときも、ちょっとからだの重みを預けるとか、胸をこすりつけるようにするとかの動作を加えると、これが夜になって効果を発揮します。

キスでも、ただ唇を吸い合うだけでなく、彼の舌を強く吸ったり噛んだり、彼に「この娘《こ》はセックスがよさそうだ」と思わせなければなりません。

なにも巨乳でなくてもいいのです。女性はどうも巨乳に憧れすぎるようです。「この娘《こ》はセックスがいい」と男たちが直観的に思うのは、腰の動きと吐息《といき》だといいます。かつてマリリン・モンローがセックスシンボルといわれましたが、うしろ姿の腰の動きに、その魅力があったのです。

微妙な動きを巧みに見せる女性ほど、男の妄想を誘うのです。さらに、悩ましい吐息はペニスに強い刺激を与えます。

今日から、デートの去りぎわほど、彼を悩ませてやろうではありませんか。

✧初体験を装うか？ 悪女ぶるか？

なんによらず「可もなく不可もなし」という人は魅力がありません。学校時代でも、成績も中くらい、座っている席も真ん中へんの端っこという人は、卒業後も「そんな子っていたっけ？」と、忘れられてしまうものです。

俗にいう「影が薄い人」は存在感がないので、合コンのときでも指名される率は低いのです。そしてそれは男でも女でも同じで、人生を通して、それほどおもしろいこともなく終わってしまうのでしょう。

どんな女性でも、たった一人の男と恋愛し、結婚し、それで一生を終えるとしたら、必ず後悔するといいます。よしんば、夫がまあまあであっても、これだけ地球上に大勢の男がいながら、たった一人しか自分に振り向いてくれなかった、という点に寂しさを感じるからです。

やはり女と生まれたからには、何人、いや何十人の男から賛美され、求められ、恋愛遍歴をへて、一人の男と最終的に結ばれるのが、女性の究極の望みではないでしょうか？

そのためには、ともかく目立たなければなりません。

恋愛力で目立つためには、男性経験が少ないことで男たちの関心を集めるか、悪女ぶった態度で、セックスのドキドキ感を煽《あお》り立てるか——このどちらかがいいでしょう。男なら、誰にも処女願望があります。この女に初めての男としての刻印をほどこしたい、誰でもこの気持ちだけは強いのです。

そのときだけは、美貌でなくても男は非常に熱心です。もし、外見にそれほどの自信がなければ、迷うことなく初体験を装いつづけることです。

「初めてなの」

あるいは、

「こんなこと、初めてなの」

でもいいでしょう。「こんなこと」といえば、正常位は知っていても騎乗位は知らない、経験がないということで、三十歳を過ぎても、いくらでも使えます。フェラチオでも、できるだけ下手を装うことです。

エッチ、セックスに関しては、男は教え魔になりたいもので、その指導でテクニックが上達すると、絶対離したがらなくなります。とくにペニスやセックス技術に自信のない男ほど、教えタイプになるものです。ゴルフでも、下手な男ほど教え魔ではありませんか？

これに対し、ペニスやセックス技術に自信のある男ほど、悪女タイプをよろこびます。自分の男の魅力で、この悪女をヒイヒイさせてやりたいという強い刺激をもつからです。

もし、あなたの周りが華やかな職場なら、悪女を装うことです。マスコミ、ファッション、メイクといった職業か、勤める職場柄が夜型の環境なら、悪女っぽい女性のほうが、ぐっと目立つうえに、声をかけられる率が高いでしょう。

しかし、初体験タイプ、悪女タイプのどちらにしても、男の自由になることが目的ではありません。恋愛力の一環ですから、それを餌《えさ》にして男をつかまえなければ、意味がないのです。基本は目立つための方法ですから、そこを間違えてはいけません。

❖男任せにしないで、女性も快楽技術をもつ

恋愛力の中には、当然、エッチ技術、つまり遊びのテクニックが含まれます。近頃の男たちの多くは、風俗店に行って〝ヌイて〟います。一度も行ったことがない、という男は珍しいでしょう。珍しいというより、セックスレスの可能性もあります。

〝ヌク〟という言葉でわかるように、愛情とは関係なく、生理的な放出ですから、あまり気にとめないことです。女性の中には「なんで私という存在がありながら、そんなところ

へ行くのよ」と、それを別れの理由にする人もいますが、それは行き過ぎでしょう。

極端にいえば、オナニーと同じ、と男たちは考えているくらいです。

とはいえ、風俗店に行った男は、ここでエッチというものは一方的に男がリードするものではない、ということを学ぶのです。むしろ、女性のほうが上位になって男を翻弄するくらいですから、エッチをそういうものと、信じてしまう男たちが大勢います。

私の集めたデータによると、途中までは熱心にするものの、そのあとは女性に任せたい、という若い男の希望が非常に強いのです。いや、フェラチオには熱心なくせに、いざ挿入となると、女性上位でリードは一切女任せ、という信じられない男たちが大勢います。

もしかすると、あなたの彼もこのタイプではありませんか？　それは風俗に通った罪でもありますが、たしかに、素人の女性のほうも、一方的に男任せにはしていません。その理由は、若い男では、女性が望むだけの快楽を与えてくれないからです。

これによって、女性は自分が主導権を握って腰を動かすにしても、もっとも敏感なクリトリスに刺激が伝わるような振り方をするのです。

つまり、男に快楽を与えつつ、自分も快楽を深めるような体位や動きが全盛になってきました。

もしあなたが、ただじっと彼の愛撫を待っているタイプであるなら、彼にあきられる危険性がありますそれでは彼の魂を揺さぶるエッチにはならないからです。セックスを子孫を残す行為とすれば、エッチはやや変態といってもいい遊びの行為です。

互いに遊びをたのしむのが原則ですから、ただ男任せでは、彼は絶対不満をもらすようになるでしょう。「あなたとだったら、どんな行為でもたのしめる」というのが男の究極の快楽なのです。そのたのしみを、あなたも男に求めなければなりません。

「あなたとだったら、なんでもやれそう」

この一言が、彼を満足させるのです。そんな快楽技術力をもとうではありませんか。

許すこと、目をつぶることの大切さ

男とつき合うときは、女性は片目をつぶるつもりにならないと、イヤなところが見えてしまうといわれます。同じように、女性とつき合うときは、男は片耳をふさがないと、そのおしゃべりに辟易《へきえき》してしまうほどです。つまり、どちらの性も欠点や短所があるわけで、それはあなたの彼だけの問題ではありません。

だから、もし彼に一つや二つの悪い癖があったとしても、それは彼だけの癖ではなく、男全体のものと考えなければならない、ということなのです。ここを間違えて、人前でオナラをするからとか、部屋の中をまっ裸で歩くからという理由で別れるなど、愚の骨頂です。

なにかの芝居にありましたが、よき夫とは、毎晩早く帰ってきて、子どもたちと一緒に食事をし、神に祈りを捧げて一日を終える——と信じている妻がいて、

「私の夫は、そんな理想のタイプなのよ」

と、学生時代のクラスメートに会ったとき、自慢そうに話すのですが、そのクラスメートから、

「そのあんたの夫が、私の経営しているポルノショップのいいお得意さんよ」

といわれて、がく然とするというところで芝居は終わるのですが、あまりに女性の前でまじめを装う男は、その裏でなにをやっているかわかりません。

まさに、片目をつぶって見て見ぬふりをしないと、男たちの多くは、裏で妻の信じられない行為をしている、と思わなければなりません。

「小さな損には目をつぶって、大きな得をとる」つもりにならないと、男とのつき合いはうまくいかないのです。もちろん、男も同じことを考えているに違いありません。

というのも、人間は一生、同じ生活をつづけられるわけではありません。若い頃遊んだ男ほど、中年になると人が変わったように家庭的なよきパパになるもので、逆に、若い頃、

遊び足りなかった男は、中年になると思いがけぬ遊びに夢中になり、身を誤ります。

そう考えると、許容力とでもいうべき心の広さも、大切なことがわかるでしょう。

女性はいったん、その男が好きになると、全身を清潔にしないではいられません。少しでも不潔なところが見えると、大局観を失って、その不潔な部分ばかり責めますが、ときには目をつぶることも覚えることです。

実際、男を責める女性にしても、清潔一筋に生きてきたとはいえないのではありませんか？　「自分のことを棚に上げて」人を非難してもかまいませんが、それでは恋愛をうまく完結させるわけにはいかないと思います。

男に強い刺激を与えつづける

男の多くは、ほんとは臆病者だ、といわれます。それを証明するのは、競馬でも、本命馬を買う人が圧倒的に多いことでもわかるでしょう。就職でも、大企業に進む男たちがふつうですが、それも中小企業では不安だからです。

しかし、こういう人は儲けより損することが多いのです。とはいえ世の中には、この安全主義で人生を渡っていきたい人が溢れているのですから、あなたの彼も、こんな中の一人かもしれません。

ここではっきりわかることは、女性の前で強いことをいっていても、実は心の中は臆病だ、ということです。そこで男は二人きりになると、「がんばれ、がんばれ」と勇気づけてくれたり、刺激を与えてくれる女性を望んでいるのです。

いや、別の角度からいうと、「あなたは強い人よ」と自信をつけてくれる女性を望んでいる、ともいえるのです。

不倫、浮気の研究をつづけている識者によると、家庭内であまり強くいばれない男ほど不倫に走る、という調査もあるようです。

「あんたって、なにやってもダメねぇ。会社でも出世に乗り遅れているし、家でも子どもたちにバカにされているんだから」

かりに、こういった妻がいたら、男は家庭に帰りたがらなくなるでしょう。そうなれば、自分を理解してくれる女性をさがし求めるのは当然の帰結です。

この妻は、男がもともと臆病者だ、ということを理解していません。気が小さいことを知っていれば、文句をいえばいうほど萎縮《いしゅく》すると、わかるはずなのです。

男と一緒に寝た経験をもつ女性なら、「男は女を抱くより、女の胸に顔を埋めたがる」という習性を知っていると思います。明らかに男は子どもっぽいし、女性にいたわってほしいのです。

だから、夜は彼の思う通りにさせてやり、朝になったら元気づけたり、強い刺激を与えてくれるタイプの女性を欲しがるのです。

恋愛力とは、「いかに彼の目にあなたを魅力的に映させるか」なのです。男は自分の弱いところを巧みにカバーしてくれる女性を求めている、といってもかまいません。別に美人でなくても、一向にいいのです。

美人は三日見つづけたら、あきるのです。美人とエッチしたかったら、男は風俗店に行けばいいのです。その点では、以前より、美人と接することが実に簡単にできるようになりました。だから恋人や妻に求めるものは外見ではなくなった、ともいえるのです。

それより臆病な自分を支え、励まし、ときに強い刺激を与えてくれる女性こそ、男たちが望んでいるベストパートナーだ、ともいえるのです。ここをよく理解することです。

6

男が避けたい、逃げたい女のタイプとは？

❖人間関係の常識が足りない女性

男と女の関係は、そう単純ではありません。最初は嫌いだったのに、途中から好きになることもありますし、好きだったのに、いつの間にか嫌われていることもあります。

もっと複雑なのは、ずっと好かれていると思っていたのに、実はそれは表面《うわべ》のことで、男は心の底では憎んでいた、ということもあるくらいです。

それは女性でも同じでしょう。

あるとき、夫から実家の悪口をいわれたことで、それが棘《とげ》のように心に刺さり、その一点で夫を憎んでいるけれど、おくびにもその態度は見せない、というケースを知っていますが、いつでも同じ愛の量で愛し愛されるのは、非常にむずかしいものです。それだけに、なにが男の愛を突然冷やすのか、という点も勉強しておいたほうが安全です。

私のケースでいうと、つき合っているうちに、ある日、あまりの常識のなさに、がく然としたことがあります。

いまでいうタメ口を私の上司にいったのには、あっけにとられました。彼女としては親しみを込めていったつもりでしょうが、私と上司が親しいからといって、まだ友人関係の女性まで、その上司と親しいわけではありません。

男同士で話していると、よく常識のない女の話が出ます。

これは友人のケースですが、一緒に歩いていて知り合いに会ったとき、軽く会釈でもしてくれればいいな、と思ったにもかかわらず、まったく横を向いて知らん顔だったというのです。

それをなじったところ、

「だって、私が知っている人でないもん」

と、プイと怒ってしまったといいます。

これではせっかくの仲が壊れてしまいます。

友人は、それでも常識をつけてもらおうと、なおも彼女に注意をしたところ、

「私が挨拶したら、あなた、困ったんじゃないの？」

と皮肉をいわれて、ついにカーッとなり、そこでつき合いは終わってしまいました。

常識というものは男も女も、誰でも「自分にはない」と思っているほうが、うまくいくものです。

その場その場で注意し合っていくことで、二人の常識が豊かになるものですが、「自分には常識が備わっている」と思っていると、相手の注意にことごとく反発してしまいます。

とくに男の場合は、結婚を考えている相手ほど常識を求めるものです。なぜなら、夫の代理になることが、いくらでもあるからです。夫の代わりに会社に電話しなければならないこともありますし、冠婚葬祭に一緒に出席しなければならないこともあります。

このとき、夫に恥をかかせないだけの教養と常識をもっていれば、夫は一生離さないでしょう。だから電話の受け応えから、手紙の書き方、挨拶の仕方、ＴＰＯに応じた化粧、服装など、常識の範囲は思ったより広いと考えなければなりません。

◇指示待ちと従順さは根本から違う

常識とは違いますが、つねに男の指示を待つ姿勢も、意外に男をイライラさせます。

これもよくあることですが、レストランに行って飲みものを頼むとき、ビールにするかワインにするか、日本酒にするか焼酎にするか、全部男のいう通りにする女性がいます。あるいはワインにしても、いちいち聞かなければ白、赤といいませんし、なかには白にするといわれれば「ハイ」、赤でいい？　といわれれば「ハイ」、と自分の考えを一切出さないタイプもいるくらいです。

このタイプの女性は、「自分では従順だ」と思っているので、始末に悪いものです。タクシーを拾おうとすれば、いつまでもタクシーがくるまで待っているし、男がイライラして「電車で行こうか」といえば、「ハイ」とついてくる、といった調子では張り合いがなくなってしまいます。

こんなときは、「こないようですから、電車にしましょうよ」といってくれるような女性だと、男はホッとするのです。男の指示を待っているだけでは、男の重荷になるということがわからないのでしょう。男に従順すぎるということは、男にとって重荷になることなのです。

このタイプは最近めっきり減りましたが、なにか一つ、劣等感をもっている女性には残っているようです。地方出身であったり、新入社員であったり、家柄が男より低い、といったケースでも起こります。

とくに慣れない場所に出ると、まだ知識がないため、知らず知らず臆病になるのでしょうが、そういうときには、「そのこと」を最初に断っておけばいいのです。

そういった言葉を最初に出すか出さないかで、大きく損トクが分かれてしまいます。

たとえば、セックスのとき従順であるのは、男に好ましい印象を与えます。それは「そのこと」をあらかじめ伝えなくても、男のほうで「慣れていないいな」と思って、そういう扱いをしてくれるからです。

ところが食事のとき、すべてを男任せにしているにもかかわらず、セックスのとき、「舐《な》めてくれないか」と男から求められる前に、女性から積極的にフェラチオをしたら、どうなるでしょう？　まず、その一回で終わってしまいます。

指示を待つか待たないかは、ケースバイケースであって、「いわれてませんから」と、なにもしないようでは、どんな美人でも男は離れていくでしょう。それは聡明さとつながるだけに、愚かな女と思われないようにする必要があるのです。

すぐ泣く女性ほどズルイことを見抜かれる

弱すぎる、もろすぎるタイプの女性も困りものです。ちょっと叱ったらメソメソする、一つ文句をいったら黙り込んでしまう、という女性では結婚相手にされません。

なかには、「私って、どうせダメなのよ」と、すねる女性もいます。このタイプは感情過多のため、男はつき合いにくいのです。男の基本的な性格は陽性で、あっさり型が多く、くどくど、ネチネチ、メソメソという陰性をいやがります。いやがるというよりは、お手上げになってしまうのです。

どうしていいかわからない、というのが正直なところです。このタイプに「泣くなよ」

とか、「おれはそんな女、嫌いだよ」などといおうものなら、余計泣きじゃくるだけで、まさにお手上げです。

「女と子どもは扱いにくい」といわれるのがここで、男は基本的に、弱いものに対する扱い方を心得ていないといっていいでしょう。

女性の中には、泣くことで究極の勝利を得ようとする、ズルイ心が潜んでいる人もいます。泣きながら、チラッ、チラッと男の顔をうかがうタイプがこれです。

私のように、「女の涙を信用するな。あれは涙ではなく、目から出る汗だ」と、きびしくいう男は珍しいのであって、一般論でいうと、弱くてもろい女性ほど、負けて勝つことになるはずです。

しかし、そこで勝ったからといって、男が愛してくれるとはかぎりません。心の中では「いつ別れようか」と考えていることが多いからです。

泣き虫は結局のところ、損です。とくにこれからの時代は、男が女性を一方的に引っ張っていくわけにはいきません。第一それほどの甲斐性をもっていません。場合によっては自分が慰められたいくらいです。

収入だって、女性のほうが多いことだって考えられます。また、それを期待している情けない男だっているくらいです。

なにかにつけてメソメソするような女性は、男として頼りにならないだけに、いやがられる危険性が大きいことを認識する必要があります。

✧金銭的支出をしたがらない女性

これからの恋愛、結婚生活は、五分五分の関係が多くなりそうです。

夫唱婦随といって、妻が夫に従っていく生活は、すでに過去の話です。というのも、女性に経済的な基盤ができたからで、全面的に夫に頼っていた時代とでは、女性の発言力が違って当然です。

ところが、女性の中には生活費は男が出すもの、と決めているタイプもいます。食事の支度や洗濯、掃除など、労力を提供しているのだから、生活費は男が出すのは当たり前、となるのでしょう。

しかし、これは極端な話で、近頃では「男6、女4」といった出し方や、完全割り勘制の夫婦もふえてきました。それだけ男の経済力が悪くなってきたわけですが、互いにケチといわれないようにしないと、金銭の不満は必ず家庭崩壊を招きます。

このところ、成田離婚といった若い夫婦のスピード離婚がチョッピリ減ってきました。

その理由は専門家にもわかりませんが、私は金銭面の約束がしっかりしてきたからではないか、と思うのです。

(1)生活費一切は五分五分にする
(2)外で食事する際も割り勘にする
(3)夫と妻、それぞれの洋服代、化粧代、飲み代、交通費などは個人負担とする。ただし、それぞれの実家との冠婚葬祭費は、生活費として割り勘とする。
(4)週末の食事は二人でつくる。片づけも同じ
(5)それ以外のウイークデーの食事は、妻がつくれるとき以外は外食とする
(6)携帯、パソコンの料金、車のガソリン代は各自負担

こういった契約ともいうべき生活憲法をつくる家庭がふえてきたことにより、かえって互いの不満がなくなって、いわゆる「軽い夫婦関係」が快くなってきたと考えられます。

企業の終身雇用制がなくなっていますが、それも結婚に大きな影響を与えています。第一歩からコツコツと新家庭を築き、一生その夫と暮らせるかといったら、それは疑問です。愛より前に、安定した収入が必要だからです。その安定した収入を確保できる男は、十人中一人ぐらい、と考えなくてはなりません。

それを知っているからこそ、男たちの結婚に対する考え方も変わってきたのです。もし、

男が切り出しにくいようなら、女性から金銭的な約束をもち出してもいいのではありませんか？　新時代に合った結婚生活、夫婦関係のあり方をいやがる男はいないはずです。

❖女はいつも被害者、という顔はしない

誰でも弁解をするものです。よく、「きみは弁解ばかりする」と怒られることがあるでしょう。私も忙しいときは「時間がなくて遅れました」と弁解して、上司に叱られてばかりでした。

しかし、そういう上司だって遅れてくることはいくらでもあります。ただ、「なぜ遅れたのか？」と聞く人がいないだけの話で、もし聞かれたら、やっぱり弁解するでしょう。弁解は自己防御だけに、女性に圧倒的に多いのも事実です。

ではなぜ、弁解しっぱなしの女性の中で、男に好かれる人と嫌われる人に分かれるのでしょう？　それは「人のせい」にするかしないか、の差です。

電車が遅れた、時間がなかった、忘れものをした、雨が降ってきたので傘をとりに帰った、財布を忘れた……と弁解したAさんがいたとしましょう。

次にBさんは、上司がバカで残業させられた、店員がのろまで、買いもののおつりをく

れなかった、自分が悪いくせに、先輩が私のせいにした、アホな顧客の長電話につき合わされた……と、ブツブツ文句半分の弁解をしたとします。

Aさんの場合は、大方、自分のせいにしていますが、Bさんはすべて人のせいにしています。つまり自分は被害者であって、あなたを待たせた加害者ではない、という論理です。だからAさんは「ごめんなさい、お待たせして」と詫びますが、Bさんは「いやんなっちゃう、アホばかりいるもんだから」と詫びるどころか、自分も遅れた被害者だといわんばかりです。

たしかに、こういうことはあるでしょう。しかし論理的にいえば、この弁解にはムリがありますし、待たされた相手が「それはたいへんだったね」といったとしても、心の中では〝こんな女とはつき合っていられるか！〟と毒づいていることでしょう。

他人を悪くいって、自己弁解を図る女性がなぜ嫌われるかというと、その場の雰囲気がトゲトゲしくなり、明るい笑い声が出ないからです。

テレビでも一時期、野村沙知代とかデヴィ夫人など、話を聞いているだけでムカムカする女性が大勢いましたが、女性の視聴者でも吐き気がしたでしょう。

自分もそうならないように、彼女たちを反面鏡として、弁解の仕方を勉強したほうがトクです。

✧頭でっかちの知性派気どりも困る

男と女が討論なり議論をしたら、男の勝ちめは百%ありません。

東大教授の上野千鶴子さんには〝男と議論して必ず勝つ十の方法〟という秘伝があるようです。男が得意になって話を進めても、

「それで?」

と軽く返されると、男はカーッとなります。

「いま話したのがわからないのか?」

「だから、それでどうだというの?」

と、切り返されると、冷静さを失うのは男のほうです。

近頃の恋人同士の多くは、同年齢、同大学卒ということもあって、男が最初から上位に立つことができません。

男が二歳ぐらい上までは、ほとんど女性のほうが男を子ども扱いするようです。それは性差年齢によるもので、だから二十歳、三十歳上の男と結婚できるのです。昔から男の先生と結婚する教え子の女性がいますが、結婚して一か月もすると、先生でさえ子ども扱い

するほど、精神面では女のほうが断然、大人なのです。

それだけに、あまり鋭い突っ込みをしたり、厳しい指摘や悪口、あるいは屁理屈をこねないことです。

男の頭の中には、「そんなこといいながら、自分じゃなんにもできないじゃないか」という思いがあるので、あまりうるさくいわれると、つい、

「生意気いうな！」

と、タブーの言葉が口から飛び出してしまいます。

この言葉が男から出たら、男女の仲は決定的に壊れてしまいます。なぜなら、男と女の仲では、つねに男が牽引役です。愛を告白するのも男側であり、セックスも男上位が正常位であるように、リードするには、それだけのエネルギーが必要なのです。

「生意気いうな」という言葉は女性にとって屈辱的ですが、男にとっても、リードするエネルギーを萎《な》えさせる女性の頭でっかちは、決定的なマイナスです。この言葉をいわせる前段階で、すでに破局しているといっていいでしょう。

古今東西、議論、討論して、うまくいった試しはありません。表面上は笑顔で握手しますが、必ず心に引っかかるものを残すのです。勝っても爽快ではありませんし、負けても屈辱感が残ります。男女の場合であれば、そのあと抱き合って傷を癒そうとするでしょう

が、それでもあとあと尾を引きます。

男女の愛情関係では、「あなたの魅力に負けた」というぐらいでちょうどいいのです。議論はそこそこに、相手に負けることです。

「あなたって強いわ。もう私はダメ。メロメロよ」

と、相手をもち上げ、勝ちを譲るほうが、どれだけいい恋人関係になれることでしょうか？

❖何度注意しても実行に移さない女性

「わかりました」

そういいながら、わからない人が周りにいませんか？　返事はいいのですが、実行に移さないのが近頃の若者だといいます。

「わかった」というのは「理解できた」ことであり、そうであるなら「即座に実行」するはずです。ところが、「わかった」にもかかわらず、「理解しようとしない」タイプは、なにを考えているのでしょうか？

「あなたのいうことはわかったけど、私の考えは違う」——ということなのですそうなると、昔の言葉でいう「馬の耳に念仏」「馬耳東風《ばじとうふう》」です。馬はありがたいお経が聞こえていても、なんの感動も示しませんし、かぐわしい春風が馬の耳を吹き抜けても、よろこびを感じません。

これと同じように、せっかく大切なことを聞きながら、受けとる心がないと、その教えはいたずらに消えていくだけで、なんのプラスにもなりません。

これでは互いに暮らしていても、向上するものがなくなってしまいます。ひたすら他人の言葉に耳をふさぐだけですから、非常に心の狭い人間になってしまいます。

かりにいま、あなたのつき合っている男のいうことが聞けないなら、その人は合っていないのです。何度注意を受けても聞く気にならない場合は、たしかに聞かない人にも欠点がありますが、それより性格が合っていません。

性格が合っていたら、ある程度は理解できるはずであり、実行してみたくなるものです。それは女性でも男でも同じことです。性格が合ううえに、好意をもったり愛を感じていれば、「相手をよろこばせたい」という気持ちが自然に湧き上がって、相手のいうことを真剣に聞くようになるはずです。

一般論でいうと、

「わかりました」

というい い方自体、無理矢理返事をしているように聞こえるものです。

これをもっと雑な表現でいえば、

「わかったわよ、やればいいんでしょ！」

となりかねません。思わず舌打ちをしたくなるような答え方ではありませんか！

相手のいうところを真剣に聞こうとすれば、

「その通りだわ、そうなのね」

と、同意するはずです。よしんば実行は先になっても、この時点で男は「なんて愛しい女だろう」と抱きしめたくなるのです。

7

男はいつでも「かわいい女」が欲しい

✧いつも触れ合っていたい、かわいい女

男から見ると、唇にキスをしたい女性と異なり、頬っぺとかまつ毛にキスをしたい女性がいます。あるいは抱き合うのでも、膝の上に抱き上げて甘えさせたいタイプがいます。こういった女性は、男が「かわいい！」と感じているに違いありません。

男が好む女性は、基本的に次の三種類です。

(1)賢くて礼儀正しい女性
(2)セクシーでエッチ好きな女性
(3)かわいくて、いつも触れ合っていたい女性

第(1)の女性は、上昇志向の男であれば、結婚相手に選びたいところです。自分が出世していくうえでも、安心できる伴侶《はんりょ》となるからです。

結婚したら、男は次第に妻のからだから離れていくのは当然です。疲れていれば寝かせてくれる――そんな心配りのできる賢い女性であれば、男にとって最高でしょう。

それに対し、結婚は考えていないが、エッチ好きの女性は男の狙いめでしょう。このタイプは、どんな男にもモテモテです。巨乳であれば最高でしょう。近頃では、このタイプ

の女性が断然ふえてきました。

ところが、男というものは図々しく、エッチ好きの女性には、次第にあきがくるのです。なにしろ互いの目的がエッチですから、それに満足したら、次に欲望が高まるまで必要ではありません。

私はこのタイプを「週一女」と呼んでいますが、男が週に一回だけ会いたくなる女、といっていいでしょう。それ以上はつき合う必要を認めないからです。

それに対し、最近もっとも好評なのが、「かわいい女」と呼ばれる癒し系タイプです。キスにしても、エッチ好きな女性にはディープキスをしたくなりますが、かわいい女性には、鳥が餌をついばむように、ツンツンと唇にキスをしたくなりますし、頬っぺやまつ毛、あるいはひたいにもしたくなります。

同じエッチをするにしても、汗みどろになって何回もするのではなく、むしろイチャイチャたわむれるたのしみをもつタイプです。だからエッチ回数は少なくても、笑顔を見ているだけで抱きしめたり、触れ合っていたくなります。

ではなぜ、こんなタイプを男たちはさがし求めるのでしょう？　心が安らぐからです。それにからだも疲れません。

よしんば二回めを求めたとしても、

「えっ？　また？」

と、ニコニコ笑われてしまうと、ただ挿入してピストン運動しているだけでは能がないな、と反省してしまいます。そんなかわいさをもっている女性であれば、男は絶対離したくない、と思うでしょう。

このタイプは年上の男に非常に愛されるので、同年齢より、できるだけ年配の相手を見つけるほうが賢明です。年下の男には、この「かわいい女」のよさがわかりません。

◈男が望む「かわいい悪女的素質」をもつ女

人間には、親心と大人心と子ども心の三つの心があるといいます。

(1)親心とは、いたわる、慰める、かばう心

(2)大人心とは、いっていいことと悪いこと、していいことと悪いことを判断する心

(3)子ども心とは、しつけ、命令に服従する心と無邪気、自由奔放、天真らんまんな心

これらの心を、もっとも適したTPOで出せる人が「すばらしい女性」なのですが、みんながみんなそうであれば、この世は天国のようになります。

しかし、実際にはそうはいきません。彼が仕事で疲れきっていて、「いたわってほしい

なァ」と思っているときに、そんな心を無視して「旅行に行きたい」などいい出せば、彼はがっくりしてしまうでしょう。

一般論でいうならば、男に対しては、親心と子ども心を出してやれる女性がよろこばれるのです。

男は誰でも、女性より自分のほうが社会的に大人だ、と思っています。たしかに社会での苦労は男のほうが多いでしょう。そこで女性から大人心で「そうしてはいけない」「それをいってはいけない」などと注意を受けると、ケンカになる危険性が高いものです。

結婚していても、「夫が家に帰らなくなった」というケースのほとんどは、妻がガミガミ文句をいうので、夫がいたたまれなくなってしまうためです。

ところが、男にかわいがられる「かわいい女」というのは、子ども心をフルに発揮するタイプです。彼の命令に「ハイ」と従うので、おとなしいのかなと思っていると、その半面、無邪気に「イヤ」「ダメよ」と笑いながら逃げたり、一種のかわいい悪女的な素質をもっています。

同じエッチをするのでも、大人心をもつ女性とでは、へんに道徳的になっておもしろみがありません。「結婚したら夫婦生活をしなければならない」という頭でいるので必ずできるのですが、うっかりアナルにでも触ろうものなら、飛び上がって怒るでしょう。

これが親心をもつ女性であれば怒りはしませんが、やさしく「ダメね」といわれるかもしれません。

もっとも親心でも、母心をもつ女性であれば、アナルセックスをさせてくれるかもしれませんが、男が望む〝ひわいなエッチ〟というより〝我慢してくれるエッチ〟になりそうです。

その点、子ども心の中でも、かわいい悪女的素質をもつ女性になると、自由奔放さがあるため、男が望む通りのエッチをしてくれる可能性があります。

男のほとんどは、こういうタイプをさがしているのですが、子ども心をもつ女性でも、頭がよくてかわいらしく、悪女っぽくて明るい女性はめったにいないので、結局、男は一生、愛のバガボンド（放浪者）になるのです。こういう女性を見つけたら、男の放浪はピタリと終わることでしょう。

❖満点を狙うより、真剣な失敗がよろこばれる

学校生活をふり返ると、頭がよく、いつもクラスでトップの女生徒が男子生徒にモテていた、という記憶はないでしょう。そんなことはほとんどありません。よしんば、その女

生徒が美人であっても、かえって敬遠されるのです。

これは社会に出ても同じです。美人で聡明な女性社員には、まず恋人はいません。それは男にとって煙ったい存在だからです。というより、征服できないと思う男が多いと、近づかないというほうが正しいでしょう。

かりにエベレストやマッターホルンを〝女性〟と考えると、ここに登って征服する男の数より、もっとラクな富士山を征服する男の数のほうが断然多いではありませんか。いや、それより上高地から槍ヶ岳、穂高であれば、男だらけではありませんか。

中くらいの高さで、やや危険はあるが、試みてみれば十分征服できる、という女性に男たちが群がることがわかるでしょう。男は本質的に、女性を口説いて失敗するのがイヤなのです。

これがわかっていれば、なにもかも満点の女性より、どこかにほころびのある女性のほうが男にとって声をかけやすい、ということも理解できるでしょう。

料理にしても、おいしいフランス料理をつくってくれる女性より、玉子焼きに挑んで、

「あっ、失敗しちゃった。ごめん……」

と、泣きそうになって詫びる女性のほうが、断然トクなのです。

以前であれば、結婚は一生つづくものだけに、料理の腕は最重要でしたが、近頃ではい

かに早期離婚を防ぐかのほうが大切です。そうだとすれば、「真剣な失敗」をして泣きべそをかく女性のほうが、男にとっては絶対手離したくないタイプでしょう。

なぜなら、そういうタイプほど、かわいいからです。男は〝料理の腕〟と結婚するわけではありません。それだったら、料理人の女性が引っ張りだこになるはずです。

女性の中には、意外にここを間違えている人が多く、料理教室に通って腕を磨く女性が少なくありません。

ところが男というものは、せっかくフランス料理、イタリア料理をつくって出しても、

「味噌汁ない？」

と、とんでもないことをいうタイプが多いのです。

男としては、フランス料理を食べたいなら、その専門店に行けばいいと思っています。家庭なら、おしんことお茶漬けでも、自分がうまければいいのです。

ところが、せっかく料理をつくった妻は、そんな夫だったら離婚ものでしょう。夫にとってみれば、そんな面倒なことをいう女性より、味噌汁と崩れた目玉焼を一生懸命つくってくれる女性に好意を抱きたいのです。

満点を狙うほど、いい男は去っていくのです。それより落第点でもいいから、かわいく詫びる女性になるべきです。

◈うれしい気持ちを生《なま》で出す女がいい

ケータイのメールほど、女性の性格をはっきり映し出すものはありません。パソコンをパブリックな情報機器とすれば、ケータイはプライベートなものです。

このケータイのメールのやりとりは、できるだけかわいらしくしたいものです。そのための絵文字の工夫は欠かせませんが、絵文字だけでなく、言葉遣いも、できるだけ率直にしたほうが、男の胸を打ちます。

たとえば、「愛してる」という言葉にしても、面と向かっているからこそ、この言葉は生きます。ところがメール文は、できるだけ短くいい表さなければなりません。そうだとすれば、「スキ!」のほうが端的でしょう。

私のつき合っている彼女は「スキスキスキスキス!」と、スキだかキスだかわからないように打ってきて笑わせましたが、男にとってこのタイプは、正直いって愛らしく感じます。

これをふつうに「大好きなあなた」といった言葉でいわれても、なにかピーンとくるものはありません。私が「欲しい!」と打ったら、「入れて!」と打ち返してきた女性もいましたが、言葉遊びだとしてもたのしいし、愛らしいものを備えた女性と、私なら感激してしまいます。

こういうタイプの女性は一緒に歩いていても、ただ腕を組むというより、腕や手先、あるいはからだ全体を気持ちの表現に活用します。おもしろければ、ぎゅっと腕を強く締めつけますし、男がいやらしいことをいえば、からだをわざとぶつけてきます。

甘えるときは顔をもたれかけてきたり、発情してくれれば、指でこちらの手の平をくすぐるというように、言葉以外の表現力をもっています。だから黙って散歩していても、実はいろいろとからだで話すことになり、女性の感情が生で男に伝わってきます。

ところが、ほとんどの女性は男に腕をとられると、そのままのかたちで歩いているだけです。口で話していないと、ただ無言で歩いていることになり、実につまりません。

こういう女性は、ラブホテルに入りたいと男が思っても、拒まれるかどうか、まったくわからないため、ちゅうちょしてしまいます。だから女性にとって、チャンスを逃がすことになってしまいます。

かわいい女であれば、ラブホテルのある方向に腕を押せば、「YES」だったらすんなりそちらに歩いていくし、「NO」であれば押し返してきたり、指をつねってきます。

いわばパントマイムで情報交換できるので、拒まれたとしても、感情のおりが残りません。こんな女性を男は望んでいるのです。

❖小利口な女とかわいい女の違い

かわいい女は、男を完全に支配しようと考えないようです。かわいいというと、一見、考え方が幼く思えますが、そうではありません。むしろいろいろな経験の末、かわいらしさこそ男と女の関係を長くつづかせる最高の表現、と悟ったようにも思えます。

バカの反対は利口ですが、かわいらしさの反対は小利口というもので、利口、聡明さは必要ですが、小利口は必要ではありません。

小利口とはこざかしい、抜けめがないということで、つまらない賢さを出す女性をいいます。

たとえば私の知人に、ある企業の社長夫妻がいます。

毎日、運転手が迎えにくるという身分ですが、社長夫人は運転手に、

「主人のからだが心配なので、どのくらい飲んだか、必ず知らせてね」

と、こっそり頼んだというのです。

つまり、夜遅くなったときは、何軒の店を飲んで回ったか教えなさい、ということでしょう。明らかに、夫の浮気を見抜こうとしている様子がわかるので、

「社長から、業務上のこと以外は日誌に書くな、うるさくいわれていますので……」

と、断ったところ、すごい顔で睨まれた、というのです。

これなどは小利口の典型というべきもので、かりに社長がこのことを知ったら、夫婦仲にもひびくことでしょう。

このタイプの女性は非常に多いもので、男が酔っぱらって口説くと、

「責任をとってくれる？　それならいいけど」

と迫る女性がいます。

目の前のごちそうを食べるべきかどうか、さんざん悩んで食べた結果、結婚させられたという私の友人もいますが、こんな結婚がうまくいくわけがありません。

小利口な女性は、ことあるごとに、それを利用する頭のよさをもっており、とくに、かわいい女と似た一面ももち合わせています。男は一見するとかわいらしい顔にだまされてしまうのですが、すぐあとで後悔します。

この小利口タイプの特徴は、男を支配し、自分のために尽くさせる点です。

本当のかわいい女は、男を支配しようなどとは思いません。むしろ、かわいさによって男をなごませるタイプですから、対価を求めていません。「これをしたから、何を買え」ということは一切ないのです。だからこそ、かわいいし、男のほうからなにかしてやらな

ければならない、と思うのです。

私の知っている女性にも、顔がかわいいので、つい食事でも、と思ってしまうタイプがいますが、必ず高い料理を食べたいといい出します。

このように、顔がかわいくても心がいやしいので、結局この女性は、金だけもっている、ろくでもない男とくっつくことになるでしょう。

◈生活の潤いを知っている女性こそ

私のようにマスコミに長くいると、取材やその他の関係で、他人の家や部屋を訪問することが、ちょくちょくあります。このときの部屋の中の感じで、そこに住む女性の性格がわかるものです。

とても豪華な部屋でも、ちょっと引っくり返って寝ころぶ空間がない——となると、たのしい性格の女主人でないな、と考えてしまいます。

また、建築雑誌から抜け出したような、しゃれたインテリアと部屋で、花や植物の飾り方もすてきですが、雑誌や新聞、あるいは本やメモ、ペン類も一切なく、ティッシュボックスも見当たらない、という非生活的な家庭もあります。

たとえば、わが家であれば応接セットもあり、花や壺類もとりあえず完備していますが、本や雑誌類もあちこちに散らばっています。だからこそ潤いがあると思うのです。潤いとは字の通り、適度の水分をいいます。潤いのある部屋とは、植物、花のある花瓶、魚の泳ぐ水槽、酒類の瓶、お茶道具のある部屋をいいます。このとき高級な酒瓶があっても、食器棚の中にしまわれているのでは、部屋を潤すことにはなりません。

昔から、日本の家庭には長火鉢や丸火鉢が置かれており、いつもやかんがチンチンと音を立てていました。湯気が少し立っており、部屋に入っただけで温かい雰囲気を感じたものです。

ところが、こういう風景は東京でいえば、庶民的な下町に行くほどよく見られたもので、山の手の高級な邸宅では、あまり見られなかったのです。そして不思議なことに、かわいらしさをもつ女性は下町娘に多く、山の手の上流家庭では、美人はいてもかわいい性格の女性は少なかったのです。

これはいまでも変わりありません。それはなぜでしょうか？

貧しい家庭では、渋茶一杯と笑顔しか、サービスするものがなかったからです。上流家庭では、おいしい茶菓子もあるので、笑顔より礼儀正しさが求められたのでしょう。

現在では、日本全体が豊かになってきたため、一人ひとりが個室をもつようになり、家族団らんの風景も少なくなりました。それと同様に、かわいい女の子も激減してしまったのです。

こう考えると、いまの若い男たちが本当に求めていたり、望んでいる女性は、団らんの楽しさ、潤いを身につけたタイプであることがわかるでしょう。

もし、男を自分の部屋に連れてくることがあるならば、なにもすべてを整理整頓することはありません。最初から紅茶セットぐらいはテーブルの上に置いておくほうがいいのです。また、小さなカップに水を入れて、花を浮かべるなど、水分という潤いを見せることです。

こういった基本を知っておけば、間違いなくどんな男でも好感を抱くのです。

8

いい女はいつも、セクシーさを失わない

✧歯を矯正する女性ほど現代美人

大昔、原始のヒトがサルから進化したとき、大きく違ったのは、四本足から二本足になっただけではありません。もう一つ、お尻の赤さでオスを誘っていたメスが、腰に布を巻きつけたことで、別の部位でヒトのオトコを誘惑しなければならなくなったのです。

それが乳房です。いま巨乳が大はやりですが、ズバリいうならば、セックスシンボルです。だから女性なら誰でも、男を惹《ひ》きつけるかっこいい乳房を欲しがるのです。

しかし、文明が進んでくると人間の欲望は二極分化し、とくに男たちは、

(1)視覚による欲望
(2)聴覚による欲望

の二つを得たいと思うようになりました。

視覚による欲望は乳房のほかに、美しい顔、赤く濡れた陰部を思わせる唇、さらには全裸の姿態、それに女性器です。

いま、この男たちの期待に応えるべく、女性たちはあらゆる魅力学（チャーモロジー）を実行しています。フェイスケア、美容整形、脱毛、ダイエット、エステ、ジャズダンス、

ヨガその他——人によっては、これらのすべてを実行しているほどです。

こうして最近の女性は、見違えるほど美しくなりました。なかでも日本女性の平板な顔とからだが、脚の長くなるのに比例して、彫りの深い立体的なスタイルになり、欧米女性タイプになってきています。

その結果、プラスの一つとして胸部が立体化したため、横広がりの乳房が前に突き出て、セクシーになってきました。

マイナスの一つとしては、顔の立体化にともない、それまで広がっていた歯並びが合わなくなってきたため、ほとんどの若い女性の歯が一、二本飛び出てきてしまい、矯正歯科に行かなくては、美しい歯並びにならなくなってしまったのです。

逆にいえば、歯を矯正する女性ほど新しい美貌の持ち主で、いまの女性タレントのほとんどが、整形ずみの歯をもっています。以前であれば、顔にしろ、歯にしろ、整形は恥ずかしいと思う人が多かったのですが、これからはそうではありません。

肉食と野菜重視の食生活がつづく以上、これまでの日本女性の肉体的欠点が、どんどん解消されていきます。それと共に、現在、ひずみとなっている部分を、医学的に手当することは当然であり、できるだけ早く排除したほうが、セクシーさを強めることができるのです。

なぜ、そうしなければならないかというと、男たちも日本人離れした身長や体型になりつつあるからです。それだけに、古いタイプの女性の体型や考え方に合わないのです。極論すれば、和服姿からにじみ出るようなお色気は、いまの若い男たちにとって奇異な眺めであって、セクシーでもなんでもない、と考えなければなりません。

❖「前技」ではなく「前戯」であることを忘れずに

この視覚による性的欲望が違ってきただけでなく、聴覚による欲望も変わってきました。というより聴覚の欲望が強まったというほうが正しいかもしれません。

古い世代の女性や、まだ心に古くささをもっている若い女性は、「愛している」という言葉からはじまる欧米的な声による求愛に慣れていません。

結婚している夫婦の中には、夫が今夜自分を求めてくるかどうか、さっぱりわからない妻も大勢います。

ところが、近頃の男女は互いに愛をささやき、からだを求める言葉をはっきりと口にします。女性にしても、愛している、あなたが欲しい、我慢できない、もっとキスして……あらゆる欲望を言葉にして求めることで、「なんてセクシーな女性だろう」と、男に感動を与えることができるのです。
欧米のカップルと日本のカップルのセックス調査を比較すると、前戯の時間が圧倒的に違います。なぜ日本人の前戯は短いのでしょうか？
その理由は、
⑴互いに言葉にして求め合う習慣がなかった
⑵ソファがない時代、畳にふとんを敷くと、すぐ行為に入る習慣だった
⑶欧米人に比べ、比較的あっさりしていた
⑷大家族制度の中で、隣室を気にする風習があった
⑸障子やふすまなど、カギがなかった
⑹恋愛より見合いで結婚する男女が多かったため、じゃれ合うゆとりがなかった
――こういったさまざまな理由があったからです。
ところが、現在はこの六つの理由は完全になくなっており、だからこそ、聴覚によるセックスがよろこばれるようになってきました。
しかし、まだ一つだけ、間違えて覚えてしまったため、戯《たわむ》れるよろこびをもたないカップルもいます。それは「前戯」を「前技」と覚えてしまったため、本番のエッチ行為の前段階、つまりキスからはじまってフェラチオなどのことを指す、と思ってしまったからで

す。

「技」ではなく「戯」と考えれば、愛のささやきからはじまり、ふだんなら絶対口に出せないような恥ずかしい言葉や行為をも、互いに求めることができるはずです。

こうしていくと、女性の顔もからだも断然、艶《つや》っぽくなっていきます。いえ、声までセクシーになるのです。それこそ虫も殺さぬ優しい顔をしながら、ときどき男を面食らわせるような言葉を口に出して、誘ったりします。

ここまでくれば、ほかの女性たちより一段も二段も魅力が違ってきます。聴覚による性感の増進は、とくに男にははげしいものです。視覚に訴えるより、勃起の度合いもぐっと違うだけに、ぜひともマスターしたいものです。

そのためには、知性と痴性を織り交ぜることです。これがコツといえるでしょう。

❖匂い、香りでセクシーさを出すには？

視覚、聴覚による興奮につづいて、嗅覚のセクシーさも見逃せません。女性の中には、男が吸う葉巻のかすかな甘い香りで濡れてしまうというタイプもいますが、男も女性の香水の匂いで、しばしば興奮します。

前にも述べたように、有名女優になると、仕事が空いた日に、自分だけの香水をつくるのに熱中するそうですが、彼女たちは注射針を器用に使って、微妙に二、三種類の香水を調合し、独特の香りをつくり上げます。だから取材などで彼女たちに会うと、なんともいえない香りにうっとりしてしまうのです。

一説には、香水の銘柄がはっきりわかってしまうと、男優にその香りが移ってしまい、情事が発覚しやすい、というマイナスがあるため混合させるのだ、というらがった見方もあるようです。それだけに彼女たちは非常に用心深く、体臭と融け込む淡い香りにするようです。

しかし、香りというものは本来、あるかないかの匂いほど官能を刺激します。なぜなら、嗅覚がその香りの元をさぐろうと、必死になってさがすからです。それによって官能が異常に鋭くなり、その匂いを発散している女性に巡り合うと一挙に反応して、性的刺激を強めるというわけです。

反対に、あまり強い香水を使うと、その女性がもっている口臭も腋臭も性器臭も、香水の香りで消されてしまって、なんのたのしみもなくなってしまいます。女性の中には、性毛に香水をつける人もいますが、もしかすると、性毛から発散するモヤモヤした性器臭を消そうとしているのかもしれません。

しかしこれはまったくの誤解で、腋臭にせよ性器臭にせよ、男の大多数はセクシーだといってよろこぶのです。そこに香水を一吹きしたら、男は気持ち悪がって、クンニリングスをしなくなってしまいます。

男の場合もそうでしょう。近頃は男性用香水をつける男がふえてきました。しかし女性としては、自分と似たような匂いをもつ異性より、なんとなく男らしい力強さをもつかすかな汗の匂いに、セクシーさを感じるのではないでしょうか。

たしかに、タバコ臭、腐敗臭、老人臭などはいただけませんが、それらはシャワーを浴びたり、歯を磨くなり、あるいはリステリン、モンダミンなどの口臭除去液を使うことで、相当防げるのです。

もちろんこれは女性も同様で、エッチにはリステリン、モンダミン、ガム、フリスクといった口臭防止剤は必携品です。それらを用いずに香水だけ用いるのは、清潔なセクシーさを与えないでしょう。

もう一歩進めていえば、香水の香りを男性に移してしまっては、ときに家庭騒動の元になります。いや、家庭をもっていなくても、立場上まずいことはいくらでも起こりうるでしょう。いい女ほど、香りには敏感であってほしいのです。

なお、近頃はアロマテラピーの流行で、部屋の中に香を焚《た》く女性も少なくありません。

この香には、国によってさまざまなものがありますが、基本的には精神を落ちつかせる種類が多く、魔性のセクシーさを感じさせるものもないとはいえませんが、男性を部屋に迎えるには不向きかもしれません。というより、男の中には根本的に、香の匂いに弱いタイプが多いことを知っておくことです。

✧別れがあるからこそ出会いがある

なんによらず、供給と需要があります。需要が少ないのに供給過剰になれば、バランスがとれませんし、その反対に需要が多いにもかかわらず、供給が少なければ、同じようにバランスが崩れるでしょう。

これは恋愛でもまったく同じです。恋人志望の男が殺到すれば、女性一人では到底さばき切れません。反対に男一人に対し、何人もの女性が押しかければ、別れという悲劇が起こって当然です。

つまり、この世の男女関係は別れによって成り立っている、といっても過言ではありません。そうだとすれば、別れるときこそ、もっともセクシーであれば、すぐほかの男から声がかかるのです。

恋人との別れというと、いかにも悲劇的ですが、いまのように十数年の結婚前の期間があれば、別れなければ結婚相手に巡り合いません。十代で熱烈な恋愛をしたからといって、その相手と結婚に結びつく確率はゼロに近いのです。

そう考えると、恋人との別離は卒業に似ています。多くの女性は、小・中・高・大学の四回の卒業式を経験しています。このとき、親しい友人との別れはひどくつらかったでしょうが、入学のよろこびに消されるのがふつうです。こうして次第に大人になっていくと同時に、魅力もまた一段と磨きがかかっていきます。

恋愛も別離があって美しさが増すのです。なかでもセクシーな魅力は、セックスの回数と恋人の数がふえればふえるほど、際立ってきます。

「涙は流せば流すほど、目に魅力がつく」

というチャーモロジーの原則もあります。それだけ色っぽくなるということですが、こういった失恋哲学をもつことも必要です。

女性の中には、失恋したり恋人と別れると、次第に肌も顔も声も荒れていく人がいますが、この人は「恋愛の終わり」と考えてしまうのです。そんな考え方だと、たしかに次に寄ってくる男は、それまでより一格下になってしまいます。そうではなく、いい女であれば、次に格上の男が殺到するはずです。

そのためには、せっかく磨いたセクシーさを、惜しげもなく見せなければなりません。考え方一つで、よくも悪くもなるのが人生です。ここを忘れては大損です。

✧短いものより長いものを身につける

男から見ると、どういう女性がセクシーな魅力の持ち主なのでしょうか？

一言でいうなら、「長いものを身につける」とセクシーに見えるものです。

多くの人は、全裸のヌードがセクシーの極致と思っているようです。一面ではそれは正しいのですが、それには条件があります。「ヌードにふさわしい肉体をもっている」という条件です。

ところが、そういう女性はめったにいません。日本女性の中には、まだヌードになれない体型の持ち主が大勢います。

では、それらの女性はセクシーに見せられないかといえば、そんなことはありません。

(1)髪の毛を長く伸ばす
(2)ロングスカートをはく
(3)薄ものの長いスカーフを用いる

(4)爪を長く伸ばす
(5)長いイヤリング、ネックレスをつける
(6)ロングブーツをはく
(7)黒の長いストッキングをはく
(8)薄ものの裾を引きずるようなネグリジェを着る

これらはすべて、この反対のミニ、またはショートのものと対応していますが、よく考えると、優雅さとセクシーさが共通していることがわかります。一つには薄ものを上につけることで肉体そのものを隠し、もう一つは長く伸びたものをつけることで、上品さを表しています。

この上品さを思いきり引きはがして、女に苦痛と歓喜の声をあげさせたい——これが男の隠された性欲です。だからこそ、まったくのヌードではなく、薄ものをまとっているほうがセクシーに映ることになります。

最近の女性はこれがわからないため、いつでも全裸姿を男の目にさらしていますが、それだと一時期は興奮して、エッチやセックスの回数をふやしますが、間もなくあきられてしまいます。

逆にいうと、そろそろ別れたいと思えば、かえって全裸姿を見せていくほうが、うまく

別れやすいともいえるのです。

女性器にしても、毎晩、男に見せていたら、性欲がわかなくなってしまいます。だからこそ、なるべく隠して見せないようにしていませんか?

それと同じで、肉体も隠すべきなのです。それも短いタオルではなく、長いシルクのスカーフや布を使うといいでしょう。

「長い」といえば、絶頂のときの声も、長く尾を引くような女性の声は、男にたまらない興奮を与えます。長い吐息と共に、いまから練習しておくこともプラスでしょう。

❖健康美から発散されるセクシーさを大切に

セクシーさは場所によって異なる、という話があります。いや、働く姿に表れるという人もいます。女性でも男にセクシーさを感じるのは、なにもベッド上だけではないでしょう。ギラギラと照りつける太陽の下で、半裸になって働いている男に胸がキュンとなることだってあるでしょう。

同じように、男でもキッチンで働く女性のうしろ姿に欲望を感じることがありますし、畑で働く農家の女性をセクシーと思うことだってあるのです。

これはどちらかというと健康的なセクシーさで、女性には男の征服を待つセクシーさと、本来、征服とはまったく関係ない、女性本来の健康美から発散されるセクシーさの、二つの魅力があることがわかります。

職場で颯爽《さっそう》と働く女性のうしろ姿のヒップに、猛烈なセクシーさを感じるのは、男なら誰でも経験ずみです。そうだとしたら、なにもデートのときだけベタベタ、ナヨナヨして男の征服欲を刺激するだけが能ではありません。

うっかりすると、その種のセクシーさは人間性と結びつきません。だから女性側は「自分にはセクシーな魅力がある」と自信満々でも、エッチがすんだらポイと捨てられることが、大いに起こりうるのです。

一般論でいうと、クラブやバーで男が出会った女性のタイプがこれです。かっこよくワインを飲むスタイルも決まっていて、男を誘う目も媚びを含んでいます。もちろん男はよろこんで誘いに応じるでしょう。

そして、たしかにベッド上でもセクシーで、彼女を部屋に送り届けるまで、一点の非の打ちどころもありません。

では、この女性とつき合いがはじまるかといえば、「NO!」です。よしんばつき合っても、昼ではなく夜のつき合いに終始するはずです。なぜなら、生活人としての魅力を男がまったく認めないからです。

こんなセクシーさだったら、交際上ではむしろないほうがプラスです。この種のセクシーさは、それを仕事とする女性に必要なもので、生活上ではマイナスでしょう。いわゆるセレブな女性たちがこのタイプで、かりに結婚する男がいたとしても、離婚することは明らかです。

そんなセクシーさではなく、働く姿、生活の中の姿に、セクシーさを見出してもらえる女性のほうが、断然しあわせになれるのです。健康がかもし出すセクシーを忘れては、絶対に損です。

✧いつ、どこでセクシーに見せるかを研究する

セクシーに見えるということは、率直にいえば、男から「やりたい女」に見えるということです。では、いつなんどきでも、やりたい女に見えるものでしょうか？

そんなことはありません。男でも女でも、ふつうの生活を営んでいれば、午前中にセクシーさは感じないでしょう。

その意味で、朝の通勤電車の中でワイセツ行為をする男は常人でありません。また、朝

っぱらからセクシーさを強調する女性も、男からまともに見られないはずです。やはり夕方以降にセクシーさが出てくる女性のほうが健康的であり、同時に常識的な社会人です。

では、どうしたら夕方からセクシーさが出てくるのでしょうか？

それには妄想を浮かべたり、エロチックなシーンに思いふけるといいでしょう。彼とベッドに入ったら、今日はどうやってよろこばせようか？　あるいは、彼のはげしい行為にどう応えてあげようか——などと考えていると、次第にからだが潤ってくるはずです。

もしかすると、鼓動が速くなるかもしれません。そうするうちに顔にも赤みがさして、どこか色っぽくなることでしょう。

結婚したては夫も妻も、今夜はどんな形でたのしもうか、と真剣に考えるはずです。ところが、何年もたつうちに互いに興味を失うのは、いつもいつも同じ手順ですることがわかってしまい、事前の興奮、期待、セクシーさが失われてしまうからです。

服装倒錯《とうさく》者や、ホモ、レズなど、世の中には多くの倒錯愛を好む人びとがいますが、彼らは日々の性愛に、非常に貪欲です。彼らは昼間は男っぽく、夜になると女っぽくと、着分ける方法一つでも、セクシーさを強調するものですが、「いつ、どこで」セクシーさを強調すればいいかを知っているのでしょう。

その意味で、帰りの電車の中で読む本は、朝の出勤時に読む本と違えるべきなのです。

それこそハンカチ一枚でも、朝と夕で替えるだけで、セクシーさが出るきっかけとなるのです。

また、セクシーさは一人だけに出してもムダです。

たとえば、二人の男が前にいたら、それぞれに違うセクシーさを見せることで、単純な女性と思われなくなります。一人の男にだけセクシーさを見せつづけると、男は「自分に惚れているな」ということで、安心してしまうのです。男に安心させたら、女性にとって大損です。

同じ顔でも左と右の横顔で、異なる色気が出ることもあります。できるだけ複雑なセクシーさを出してみましょう。といっても、急にセクシーになることはできませんので、今日から少しずつ妄想にふけったり、エロチックな小説を読みはじめてみませんか？

9

媚びのない女らしさが男心をとろかす

◇待てない男の生理を理解してやる

男たちの不満で意外に多いのが、「一つのことを終えないと、次にかからない」という女性の特徴です。男たちはいつでも、同時にいくつかの仕事をこなすことに慣れているというか、慣らされています。

そのため女性から見ると、全部が中途半端に見えます。子どもでもそうで、勉強中に友だちがきて誘われると、よろこんで遊びに出かけてしまい、帰ってからまた勉強をつづける、というタイプの男の子が多いでしょう。

これに対し、女の子は、その勉強が終わらないと絶対遊びに出かけません。それだけまじめであり、周りに目が行き届きません。

これが大人になると、さまざまな影響を男との間にもたらすのです。好き嫌いが男よりもはっきりして、嫌いなタイプとはつき合わない潔癖性になったり、一人の男を愛してしまうと、たとえ暴力団員のような男でも、離れようとしません。

余裕、ゆとりがないのです。結婚してからでも、ご飯の支度をしていれば、食事を終えてあと片づけがすむまでは、どんなに夫が欲しがってもベッドには行かない、というタイプもいるほどで、いまは食事の時間、テレビの時間、仕事の時間と、頭の中で固定観念を築いてしまっているのです。

ところが、ほとんどの男は一種の混合型で、食事をしている最中でも「したくなったからしようよ」という考えの持ち主です。これがまた、妻がいても別の女性にチョッカイを出すという中途半端な心をつくり上げるわけですが、こういう「男の特性」を知っておいて損ではありません。

これを別の観点から見ると、男は子どもに似て、やんちゃなところを残している、ということです。

このやんちゃとは、駄々っ子という意味で、欲しいとなったら、どうしても欲しくなるのです。とくに性的な欲望は女性と違い、燃え上がったら、一回射精しないことには収まりません。これを断ったり拒んだりしていくから、男は〝させてくれる女〟をさがすのです。

こんな男の生理を理解して、炊事、洗濯、掃除のどれをしている最中でも、「いやーね」と笑いながら服を脱いで男にサービスをする、そんな女性が愛されるのです。仕事を途中で中断されるなんて、女性にとっては迷惑な話でしょうが、「待てない男の生理」を理解することも必要です。

女性でも男に「ムリをさせる」ことで、大きなよろこびを感じることがあるはずです。その「ムリ」の内容に違いがあるだけで、本質は百%自分を向かせたい、愛情の変型であることをわかってやりましょう。

✧ときにはいつもと違う自分を見せる

男はいまの大きな変革時代に悩みを抱いています。果たして、いま働いている職場が安心か、結婚しても妻や子を守っていけるか――以前より悩みが大きく深くなっています。少し前までだったら、会社が潰れることや、クビになることを心配するサラリーマンはごく少数でした。ところが、いまは大企業でも安心できません。それも危機は突然襲ってくるのです。

そんな男の気持ちを察して、いかに結婚を重荷に感じさせないか――そんな女性の思いやりは、男にとっての大きなサービスです。

いつもは「あれが欲しい」「どこかに連れてって」と甘えている女性が、ときにまったく異なる節約ぶりを見せたり、甲斐甲斐しい態度を見せると、男は驚くと同時に、よきパートナー意識を抱くのです。

「イザとなったら、この二人であれば、なんとかやっていける！」

男にこう思わせたら、もうしめたものです。

たとえば、彼と話しているとき、〝共同生活〟については、極力ぜいたくを避けるようにしていくのです。

大きな問題では、「二LDKはもったいない、二DKで十分」とか、小さいところでも「タクシーはもったいないから地下鉄で行こう」といった気づかいをみせる女性は、最初は単なるエッチフレンドであっても、いつの間にか結婚相手に昇格することでしょう。

男には見栄っ張りもいるので、「タクシーで行こう」というかもしれませんが、腹の中では自分に向いている女性だ、と認識しているはずです。

私の知っている例では、彼の母親に会うことになったとき、それまで伸ばしていた指の爪を短く切った女性がいます。男は長い爪だけが気になっていて、そのことをいおうかいうまいか、迷っていたところでしたが、うっかりいって彼女の機嫌を損じてはと、困っていたところでした。

ところが、彼女はさっさと切って、

「また伸ばしていい？」

と、彼にかわいく訊いたので、思わず抱きしめてしまったそうですが、思いがけぬ賢いタイプだったので、その後夫婦円満にいっています。
こういった振舞い、態度も、実はたいへんなサービスなのです。

❖酔ったふりして男の欲求に応えてやる

なんでも男の欲求に応えてやる女性がいいか、というとそうではありません。もしそうしていけば、女性は恋愛の下位者に定着してしまうどころか、精神的にも男の奴隷になってしまいます。

そうかといって、男の欲望、欲求に知らんふりをしていったら、男は必ず去っていきます。これはレストランと同じことで、どんなにすてきな店であっても、サービスが悪ければ二度と行きません。それよりは格がぐっと落ちても、サービスのいい店を選んで、そこに通うことになることでしょう。

男と女の仲も、このレストランと中身はほとんど変わりません。サービスのよしあしが成否を分けるのです。とはいえ、そこがむずかしいところで、無限のサービスは身の破滅になるため、なにか理由をつけて、サービスに応じてやることを考えたほうがいいでしょう。

たとえば、知り合った日とか、互いの誕生日だとか、初めてキスをした日、エッチをした日など、記念日にかぎって男の欲求に応えてやるのも一つの方法です。彼が一泊旅行をしたいというなら、この記念日の活用がいいと思います。

あるいは、まだキスもしていない仲であれば、酔ったふりをして許してやるということもできます。フェラチオ、ラブホテルでも同じです。少々きわどいエッチ遊びも、酔っているというところで、男にさせてやることもできるでしょう。その代わり、次からは断固拒めばいいのです。

すると彼は、

「また酔っぱらってくれないかなァ」

と、懇願してくるでしょう。すると女性はサービスを与えつつも、恋愛の上位者でいられます。

サービスというのは基本的に、

(1)ふだんからサービスを継続する
(2)特別なサービスをする日を決める
(3)サービスはまったくしない
(4)気まぐれのサービスをする

この四種類から成り立っています。どんな店舗でも、この四種類の組み合わせをしているはずです。と同時に、サービスしていいものと、してはならないものもあるはずで、そこを見極めなければなりません。

たとえば、恋人同士の場合――。

まず(1)でいえば、軽いキスは継続していくべきです。(2)の特定のサービスデーには、彼の部屋に行ってエッチをするだけでなく、料理や掃除をしてあげてもいいでしょう。

ところが(3)でいうと、彼の下着の洗濯は一切しない。自分（女性）の部屋でのエッチは一切しない、金銭の賃借も一切しない、という原則はしっかりつくり、守らなければなりません。そうしないと、ズルズルの関係になってしまうからです。

(4)は、ときどき思いがけぬご馳走をしてやることです。ローターで遊ぶとか、目隠しするとか、携帯でハメ撮りするなど、気まぐれサービスは彼をよろこばせることでしょう。

◈心の癒しサービスも重要

一年間の自殺者は、毎年三万人にのぼるようです。このうちのほとんどは男です。それだけ心の悩みが深いのでしょうが、悩みだけでいえば、自殺男性の妻のそれは一層深くなるはずで、あと追い自殺がふえても不思議ではありません。

ところが、妻たちの自殺はほとんどふえていないのが現状です。これは男と女を比較すると、断然、男のほうが心が弱いということで、これが男の平均寿命を、女性のそれより九歳近く下げる原因になっています。

しかし、世の中の状況を見ると、心の癒しのために旅行や温泉、エステ、リフレッシュマッサージなどに通っているのは、女性ばかりというありさまです。どういうわけか、男たちはあまり通っていません。それはどうしてでしょうか？

男の癒しは、その悩みを一時的にでも忘れさらないと治らないからです。旅行に行っても温泉に入っても、悩みそのものがなくなるわけではありません。

女性は、その場面でしあわせになれるといいます。海外旅行に行って古い町並みを歩いたり、温泉につかって、ゆっくりと景色を眺めているだけで癒される体質なのですが、男は、悩みを忘れさることによって癒される体質です。

そこで酒に浸ったり、セックスに溺れることになり、最後に忘れさることができないと自殺することになるのです。それだけに、女性の優しい心と強い励ましが、なににも増して重要なのです。

しかし、女性の中には、「夫がそれほど悩んでいるとは知らなかった」という人もいるほどで、男は女性に悩みを打ち明けるのを、いさぎよしとしないところがあるだけに、日頃から注意して見ていないと、男の心の闇がわからないものです。

女性の中には、「男は強いもの」「男は女を守るもの」という意識をもちつづけている人が多いようです。ところが、最近の男たちはそうではありません。

入社一年目の男性社員が上司に叱られたというので、泣きながら家に帰ったところ、今度はその母親から「息子はいじめを受けたので、もう会社に行きたくないと泣いている」という電話が入り、上司だけでなく部員全員がびっくりした、という実話もあります。

このように、弱い泣き虫男がふえてきていることを知らないと、女性も男の扱い方を間違えてしまいます。泣き虫までいかなくても、強靭な意志力をもつ男の数は激減しています。そのことを考えて、女性から慰めや優しさを示すだけでなく、ときに男に変わって自分が稼ぐ、といった強さを示してやらないと、どうなってしまうかわかりません。

それがいやなら、男と恋愛したり結婚することは危険かもしれません。

❖エッチ友だちとしてつき合うことも

以前より近頃の男女関係は、かなりオープンになってきました。

セックスレスな夫婦もいるというと、古い観念の人たちには「じゃ、なぜ結婚するんだ？」という疑問が浮かぶようですが、いまの人たちはセックスは外で自由にして、家では心から話し合えたり、支え合える相手と一緒にいたい、という人たちもふえてきました。

二重生活というと、なんとなく隠微《いんび》な匂いがしますが、そういうことでなく、自由気ままに生きたい、という男女の理想生活でもあるのです。どういう場合でも、愛しているから結婚する、という単純なかたちではありません。既婚男性が独身女性を愛することもありますし、その反対のケースもあります。

さらに、既婚者同士でこういうケースだってあるのです。男女の中には、相性が悪いまま別れもできず、夫婦生活をつづけている人が多いのですが、以前ならそれでも我慢しつづけたものが、現在ではそうはいきません。

そうだとするならば、エッチ友だちに徹するのも、サービスといえるでしょう。その場合、「結婚など、そんなことは一切忘れて」という条件が大切です。

しかし、エッチ友だちといっても、近頃のカップルはこの関係のほうが心の癒される、という人が多くなりました。男も悩みを平気で打ち明けられるし、女性も結婚せずにエッチをたのしめるのですから一石二鳥です。

これからは、むしろこういった自由な関係が主流になるでしょうから、ときに男にとって「便利な女」を演じてやるのも、悪くないのではないでしょうか。

これまでの女性は、いつも自分がトクをとる立場に固執してきました。当然のように、「便利な男がほしい」といってきましたが、もうそろそろ「便利な女」になって、男にトクをとらせることを考えてもいいでしょう。

「損してトクとれ」という言葉がありますが、もともと女性はケチな性質のため、これが実践できませんでした。それだけに、損を覚悟でつき合おうとする女性ほど、男からかわいがられるのではないでしょうか。

第一、スリルもあって、たのしめるのではないですか？

✧仕事をフォローしてやることも強い

私は長いこと週刊誌の編集長を務めていましたが、それこそ目の回る忙しさでした。そこで若い頃は、妻にテレビを見てもらい、おもしろそうな番組をチェックしてもらったり、新聞、雑誌、単行本など、私が丹念に目を通せないものから、必要な記事や情報をスクラップしてもらったものでした。

こういったサービスは、思いがけぬプラスを私に与えてくれましたが、世の中の夫婦や恋人を見ると、意外にその種のサービスをし合っていません。

私は職業柄、政治家や経営者に会うことが比較的多かったと思いますが、おどろくことに、これらの人びとは世の中のことをなにも知りません。

恐らく、スイカというカードも携帯メールも使ったことがないどころか、知らないと思います。これは妻のサービスが悪いからで、いかに世の中の庶民の情報を夫に渡していないか、ということです。

彼らは「忙しい」ことを免罪符にしていますが、本当は忙しくはないのです。なぜそれがわかるかといえば、愛人の部屋に通っている人だらけだからです。

妻がしっかりした情報サービスをしないから、次第に庶民感覚がなくなってしまうわけですが、それはなにも政治家や経営者ばかりでなく、理系の男たちや、オタクと呼ばれる男たちでも同じことです。

これらの男たちが、文系の人たちより世間知、世間常識が劣っていることは、いうまでもありません。広く浅くというタイプでないからです。ところが、いまの時代は世の中の動きが異常に早いために、あまりに狭く深い知識だけでは、取り残されてしまう危険性もあります。

ＩＴ関係の仕事をしている男たちが、もっとも早くクビを切られるというのも、それ以外の仕事ができないからで、そうなると新人のほうが安く使えて便利だからです。

そんな時代だからこそ、女性の情報サービスが重要になってくるのです。

私の場合は、机の上に妻が選んだ必要な情報を置いておくだけでしたが、これで十分です。このとき、さらに細かく話されると強制力が加わるだけに、男にとってはつらくなります。情報や知識のおしゃべりは、むしろマイナスです。

女性としては得意のおしゃべりで、いろいろ教えたいところでしょうが、もしこういう妻だったら、それこそ離婚騒ぎになるかもしれません。それこそサービスになるどころか、不必要な情報をしゃべられて、頭が痛くなってしまいます。

一見すると同じようによろこばれるサービスでも、実は、その伝達方法でプラスとマイナスに分かれることを、女性も気をつけたほうがよさそうです。

❖男は女性のほめ言葉がうれしい

男には「他者による尊敬」を求める性質があります。出世したい、成功したいと、どの男も夢中になるのも、大勢の人から尊敬を受けたいという欲望があるからです。

もしかすると、あなたの働いている職場の社長は、大勢の取り巻き連中に囲まれていませんか？　どんな大社長でも、ほめそやされるのはうれしいもので、必ず口当たりのいいことをいう人たちを、そばに置きたがります。

同じように、男たちは連れて歩きたい美人を欲しがりますが、これも男たちに振り向かれたいからです。

フランスのあるホテルになると、美人と連れだってきたカップルを、ボーイが鋭く見分けて、レストランの一番奥の席まで案内する風習がありますが、男たちは、そのために美人さがしをするという話さえあります。

奥まで案内する間、大勢の客がその美人を鑑賞するわけですが、男は得意の絶頂でしょう。このように、男には子どものような無邪気な一面があり、他者からの称賛や尊敬をひどくうれしがるのです。

政治家や経営者はどういうわけか、ホテルのレストランや部屋で会食をしないで料亭を好みますが、その理由がわかりますか？

大きな料亭に行くと、和服姿の女性が玄関先にズラリと並んで、一斉に手をついて挨拶をします。これこそまさに殿様の気分になるのであって、別に料亭の料理がうまいわけでも、なんでもなりません。

その意味では、口では新しいことをいっていても男は実に古くさく、それも成功した男たちほど、よけいそれがひどいと考えていいでしょう。だから男には、ほめ言葉が重要なのです。

若い男たちはまだ、称賛の言葉を大勢からもらえる立場ではありません。それだけに、女性のほめ言葉がうれしいのです。そのことをしっかり守れば、思いがけないほど男から感謝もされるし、愛されることにもなるのです。

10

男に愛の心を抱かせる恋愛心理学

❖無償の行為が男を感動させる

男の多くは、恋愛においては男のほうがサービスなりプレゼントをしなければならない、と信じています。これは太古の昔から、貴石《きせき》でできた首飾りと、花でつくった髪飾りを愛の印として贈ってきた遺伝子が残っているからです。

それだけに、女性のほうからなにか無償の行為をされると、それだけで男は強い愛情をもってしまいます。

たとえば職場で、お弁当を買いに出るとき、「○○さんも食べる？　買ってきて上げましょうか？」といえば、それが無償の行為と受けとられ、なんでもないお弁当が、急に彼にとって輝きを増すのです。

雨が降って、営業に出かける男性社員が傘をもっていないとします。このとき、安くても軽い折り畳み傘を用意しておけば、彼にそっと渡すことができます。このお返しは、必ず愛をともなったものになるはずです。

念のためにいえば、無償の「行為」ですから言葉ではありません。「いってらっしゃい」という言葉だったら、職場にいる女性であれば誰でもいうことでしょう。そこで、自分で考えた「行為」を実行に移すことが重要なのです。

行為に必要かもしれないハンカチ、ティッシュ、消しゴム、傘、文庫本、はさみ、チョコレート、ばんそう膏などなど、机の中に入れておくことも必要でしょう。

ただし、直接、仕事に関係するものは、よしんば無償の行為であっても愛に直結しません。下手をすると、屈辱に思う男もいますから、やめるべきです。たとえば、コピーを一枚とるにしても、その時間がない、ということに屈辱を感じる男もいるくらいです。

また、そうした手伝いは、女性仲間から疑いをかけられるだけですから、やめたほうが無難です。「偶然」と「さりげなく」を基本とすれば、最高です。

❖相手を気づかう優しさが愛を誘う

女性は自分が電話したいと思うと、相手の迷惑まで気が回らないことがあります。

仕事上でも、

「いま、よろしいでしょうか？」

と相手を気づかうべきですが、そんなことはおかまいなしの女性が大勢います。

だからこそ、

「五分間で終わります」

といった、相手の状況を読む姿勢が重要になってくるのです。

気づかうとは「心配する」、あるいは「案じる」ということです。自分のことより先に、相手を思いやる優しさでもあります。

「優しい女性」というと、なんとなくほっそりとした、優雅な女性を思ってしまいますが、それは外見です。そうではなく、内面の優しさによって相手を心配する心が愛を生むのです。

昭和二十年代に太宰治という作家がいました。彼は二度にわたり別々の女性と入水心中を図り、その二度めで死ぬのですが、一回めのときは、自分が女性を死なせてしまったという後悔をしています。

このときの心境を『虚構の彷徨』という小説にしたのですが、この小説を読んで、自分とまったく同じ心境だと思った女性が太宰を訪れて弟子となります。

太田静子といって、彼女は二歳になる娘を、自分で死なせてしまったという罪の意識をもっていました。この意識があるため、師である太宰の苦しみを、自分の優しさで拭い去ることはできないものかと思ったのです。

その意味では、自分の心を滅して太宰に尽くすのですが、これによって治子という娘を産むことになってしまいます。現在、作家として活躍している太田治子が、このときの子です。

太宰はその後、二度めの入水で、山崎富栄という美容師と心中するのですが、太田静子は太宰の愛を得て、娘を産んだことで満足だったといいます。

太田静子の場合は、太宰の苦しみを案じることで、いつかそれが愛に転じたのでしょう。また、太宰治もそんな静子を愛したのでしょうが、気づかう心は、ときに大きな愛を育むことがあるのです。

名刺の整理から愛が生まれることもある

名刺の整理をしてみましょう。いや、名刺でなくて写真でもいいでしょう。これらを整理していると、「なぜこの人に連絡しなかったか?」と不意に過去の風景が思い浮かぶ場合があります。こんなときは思いきって手紙を出すなり、メールを打ってみましょう。

あるいは、古い写真を送ってみてもいいかもしれません。セールス、営業をしている女性の話を聞くと、売れ行きが思わしくないときは、名刺を整理しているうちに「連絡してみよう」と思う人が、必ず何人か出てくるそうです。

不思議なことに、そういうときほど新しい販路が開拓できるというのです。これは考えてみると当然で、相手が少しずつ社会で出世しているため、その人物にそれだけの力がついているのです。

恋愛でも似たところがあります。年月がその男をよく変えていることが、しばしばあるからです。もちろんその反対もありますが、その場合には、一回だけ会うことで終わりにすればいいだけの話です。

年月が愛を押し流すことがあるように、年月が思いがけぬ愛を生むことだってあるのです。なぜなら、女性にそれだけの魅力がつくことがあるからです。

私自身、高校時代の女性と再会して、まぶしい思いをしたことがあります。

そのとき私は恋愛中だったので、チャンスはありませんでしたが、ちょうど空き家だったら、思いがけぬスピードで一つの愛が生まれたかもしれません。ここが運命のいたずらなのです。運命は偶然であり、愛は一瞬で生まれるのです。

そんな偶然をつくる意味でも、ふだんから気になる男性と会ったときは、その人の名刺の裏に、年月日と場所を書き入れておく習慣をつくっておくことです。

もし、その人に連絡するきっかけがなければ、「パソコンに新しくメール・アドレスを入れました」とか、「アドレスを変更したので、連絡させていただきます」という理由がいいでしょう。

男のほうで記憶していれば、気軽にメールを入れてくるはずです。入れてこなくてももともとですから、こうやって知り合いの輪を広げることが、愛の芽をキャッチすることになります。

よしんば、その人となにもなくても、運のきっかけは、どこに転がっているかわかりません。その男性の知り合いの中に、すてきなベストパートナーがいないとはかぎりません。「自分の周りには、いい男がいない」と嘆いている人は、もう一回り、知り合いの輪を広げる工夫が足りないのです。

さっそく今夜、家に帰ったら名刺の整理をしてみませんか?

✧男はこんな話に興味と感動を示す

以前、『一杯のかけそば』という話で、日本中の感動を呼び起こした男がいましたが、その後、これがつくり話であることがバレて姿を消してしまいました。あるいは、いまでも売れつづけている『木を植えた男』という一冊は、主人公が本当に木の苗を植えて歩きつづけているものと、誰もが思ってしまいましたが、それも創作でした。

それが創作であれ、一つの話が感動を呼ぶものだ、と知っておくことは必要です。ということは、人間なら誰でも一つや二つ、相手が熱心に聞いてくれる話をもっているはずなので、それを披露するといいと思います。

とはいえ、あまりみじめな話をしたのでは、男は感動してくれるかもしれませんが、逃げてしまう危険性もあります。

では、男たちはどういう種類の話に興味をもつのでしょうか？

(1)お金を大切にする心が身についた
(2)人に感謝する心が身についた
(3)自立する心の大切さを学んだ
(4)美人タイプは結局、運命に翻弄されることがわかった
(5)私は「運がいい」と小さい頃からいわれてきた

ざっと、こういう種類の話をしてみましょう。

なぜ、こんな話がいいのかというと、「結婚しても悪くないな」という印象を男に与えるためです。

「お金を大切にする心」をもつ女性なら、男としては、このデフレ時代にぴったり合ったタイプと思うはずです。男がもっともいやがるタイプは、ぜいたくが身についていて、お金を

使うのが平気な女性です。これから年収が下がる時代に入るだけに、お金を大切にする女性であれば、よき妻になれると思うことでしょう。

「人に感謝する心」をもつ女性も得がたいタイプです。人の悪口をいったり、そうされるのが当然、といった態度の女性ほど始末の悪いことはありません。それだけに、安心して家庭一切を任せられると思うでしょう。

「自立する心」をもつ女性であれば、これからの結婚生活で、男にとって大きなプラスです。夫の収入を当てにするのではなく、自分で働くのは当然ですが、それだけでなく、自立できるくらい収入を得たいという、力強い女性です。とくに収入の少ない男には、もってこいのタイプでしょう。

「美人に憧れないタイプ」は妻に合っています。うっかり結婚したら、あそこも整形したい、ここはエステでやせたい、などといい出されたら、男としては早々と離婚を考えるでしょう。自分のよさを知って、静かな運命をつづかせるような暮らし方をする女性が、実は最高の妻なのです。

どんな男も、表面にはあまり出しませんが、心の中ではそう思っているはずです。

「運がいい女」は、男にとって願ったり叶ったりです。悪運が次つぎとつづくような女性より、はるかによろこばれるでしょう。

以上、五つの種類の話をそれぞれ入れ込みながら話をつくっていってはどうですか？「話の創作は女性が天才」という言葉もあるように、いくらでも考えられるでしょう。男に愛の心をもたせるために、真剣につくってみてはいかがでしょう。

抱きしめられる女になるには？

男には、「抱きたい女」と「抱きしめたい女」を分ける心理があります。女性はこの差をよく知らないようで深く分析しませんが、実は大きく違います。男が「抱きたい女」とは、ズバリいうとエッチしたい女です。セクシーでエッチ好きな雰囲気を発散しているので、男はそのフェロモンに圧倒されます。

だから「抱きたい女」は、何人もの男からいい寄られるタイプです。もし、いつも男が近寄ってくると自信をもっているようなら、間違いなくこのタイプです。しかし、念のために注意しておくと、愛を抱いているのではなく、単に勃起したペニスを向けているだけの男たちです。

それに対し、「抱きしめたい女」は、セックスより愛が前面に押し出しています。よく考えれば誰でもわかるでしょうが、「抱きしめたら」エッチは不可能です。互いに胸と胸、心と心を通わせたいから抱きしめるのです。やわらかく抱いて、手を女性器に侵入させるのと、わけが違うのです。

実際、私の体験でも、「この女性は自分の人生に必要な人だ」と思えば、きつくきつく抱きしめたものです。恐らく女性でも同じでしょう。それは離したくない、離れたくないという切ない感情の発露であって、エッチをしたいという欲望とは根本的に違います。

女性からすれば、男が「抱きしめたい」と思うようなタイプにならなければ、なんの意味もありません。そこでセクシーさを表面に出すより、「人生に必要な女性」と思わせるテクニックを使うことです。

いや、この女性だったら一緒にいて恥ずかしくないな、優しくてたのしいな、とふだんから思ってもらうように振舞うことです。

たとえばキスをしたとき、口紅が彼についていないか、ウエットティッシュを渡すとか、セックスをしたあと、そっと水をもってくるとか、おしぼりを渡すとか、なんによらず、自分より彼を大事にする姿勢を示すのです。

彼が疲れているようだったら手を揉むとか、肩をマッサージしてもいいでしょう。

あるいはごはんでも、二杯めのときは軽く盛るとすれば、彼は「自分の健康を考えてくれている」と思うではありませんか？

私の知人の女性は裕福な家庭に育ったのですが、彼とデートのときは、バッグ、腕時計、指輪などを控えめにつけていました。けっしてきらびやかなものは身につけなかったのです。

これは若い男性への思いやりで、なにかのときのプレゼントに、無理をさせなかったのです。彼女は結婚後、賢い妻になりましたが、男にとっては感激だったでしょう。

神田うのというタレントは、金持ち男性とばかりつき合っていますが、こんな女性では、抱きしめられるタイプになれるわけがありません。いい男性運には恵まれないでしょう。

メールを同時に打ったら、運命の人になる

好きな男性が近くにいたら、できるだけ彼に合わせてみましょう。

たとえば、同じ会社であれば、ほぼ同時刻に出社するとか、ほぼ同じ頃に昼食に出るとか……。こうしていくと、いつかはバッタリ出会うことになり、「気が合いますね」と話し合う可能性が高まります。

一種の「意識的シンクロニシティ」、つまり同一化ですが、これだけでなく、彼がコーヒー好きであれば、「一緒にコーヒーいかがですか？」というだけで同一化が加わります。

不思議なことに、いろいろなところで似たような意識をもちはじめると、「運命の人」ではないか？　と男は考えはじめるのです。

そこに趣味が一致したり、上司に対する感情まで一致すると、必ず行為が愛に昇華するようになります。簡単にいえば、「うまが合う」二人になれば、互いに愛を抱くようになるのです。

これは本当に不思議なことですが、メールをこちらから打とうとすると、ほぼ同時に相手からメールが入ってくる場合があります。これが何回もつづくようになると、男も女も、ぐっと親密性が加わります。

このメールについては、相手の生活パターンを読んでいくと、起きてから寝るまでのスケジュールがほぼわかってきます。すると彼は、いつ頃なら時間があくか、あるいはメールを打ちたくなるかを、ある程度想像することができてきます。

それだけでも同時性の可能性が高まります。また、もし本当に何回もこの経験をするような相手であれば、絶対離さないことです。

この意識的シンクロニシティを活用する一つの方法を教えると、男がなにかで失敗したとき、「自分も失敗した」という、つくり話をすることができます。同時に、同じように失敗したということで、心がぐっと近づくのです。これは「成功した」というときには使えません。失敗だからこそ心が近づくのです。

「仕事で失敗して上司に怒られちゃったよ」

「私も父から帰りが遅いって、叱られちゃった」

失敗の種類はまったく異なっていても、互いに「叱られた」という共通の感情をもつことで同一化するのです。できるだけ彼と一致する行動をとったり、そのチャンスをつくることが彼の愛を強めることになるのです。

隠語が同じ地方同士ほど親しくなる

愛情といっても、心だけでは無理です。男と女であるからには、エッチ、セックスの満足も重要です。ところが一緒に寝て、いちゃいちゃしていても、イマイチ盛り上がらないことがありませんか？

その理由の一つに、女性器の隠語が違うため、男が「きみのオ○○コいい！」と、恥ずかしい言葉をささやいても、女性がちっとも興奮しないというケースがあります。関東の「オマンコ」と関西の「オメコ」がその代表的なものですが、逆に、女性が、「オ○コがいい！」と叫んでも、男はまったくよろこばない、という珍現象が起こります。

もちろん、つき合っていくうちに次第に覚えていくものですが、代々つづく遺伝子は、そう簡単に変えられるものではありません。それでもこの二つは語呂が似ていますが、ツビだのダンベなどでは、お手上げです。

一説には、昔、隣国や敵国の男や女を見破るために、それぞれのテリトリー用語をつくったという話があります。ふだん使いの言葉は、巧みに覚えて誰にも見破られなくても、セックス言葉でわかってしまうというわけです。

これはいまでも「テリトリー効果」といって、同じ地方や県の出身だと、すぐ仲よくなることでもわかります。

夏の全国高校野球大会の場合、最初は自分の出身県を応援し、県代表が破れると今度は地方代表を応援し、最後には東日本、西日本といったところまで応援の幅を広げていきます。プロ野球でも似たところがあります。

同じ阪神タイガースファンであれば、それこそあっという間に意気投合してしまうでしょう。実は、こういうファン同士になると、東京の女性であっても、「オマンコ」から「オメコ」に興奮が移っていきます。それはその土地（テリトリー）に同化しようとする意識が働くからです。

恐らく、この章を読んでいる方は、それぞれ思い当たることがあるのではないでしょうか？　どうしても、もう一つエクスタシーに入れない、めちゃめちゃに燃え上がりたいけど、それ以上イカない、という男女は、このひわい（卑猥）語がしっくりこないのです。

それでも、男性器はほぼ全国的に似ています。一部で珍宝とか珍棒などという表現もありますが、「ペニス」と女性の口から英語でいわれれば、ほとんど男はそれで興奮します。

ところが、女性器の英語など誰も知りませんし、「ファック・ユー」「ファック・ミー」といったところで、誰も興奮しないでしょう。

それは実に不思議な心の働きなのです。それだけに、同じひわい語を使う同士であれば、なるべくつき合いつづけたほうがトクです。意外に長つづきするからです。

❖なぜ男が寄ってこない？　原因はここにある

モテない女性の典型とは、どういうものでしょうか？

(1)どこか汚く崩れていて、清潔感がない
(2)まじめが取柄とばかり、遊びの話になると知らん顔
(3)なにかというと愚痴になる
(4)「私ってダメなのよ」と、ふてくされる

(5)その場にそぐわない話であることがわからない
(6)人には話させておいて、自分のことは話さない
——まだまだありますが、ざっとあげると、こんな欠点が思い浮かびます。

洋服やアクセサリーは高級そうなのに、化粧がきつすぎる女性がいます。とくに口紅は赤紫、赤黒になればなるほど性的にワイセツ感が出るでしょう。

グループでたのしんでいるのに、一人だけ話の輪に加わらない女性がいます。いかにも「いやーね」と、いわんばかりに笑顔も見せませんが、そんな女性ほど男にモテません。

反対に、人と見れば愚痴をこぼす女性もいます。しまいには犬や猫にまで「お前はいいねえ、ぐうたらな亭主をもたないで……」などといいかねません。おもしろいことに、愚痴っぽい女性は、どんなに若くても年齢以上に見えるもので、愚痴が若さを奪ってしまうのでしょう。

また、なにかいうと、「私ってダメなの」と劣等感をむき出しにするタイプもいます。しかし、これは非常に屈折した心理で、実は「ダメでない」こともあるだけに、男からはいやがられるのです。

男の多くは馬鹿正直とでもいうのか、ストレートにものをいうタイプばかりで、心の中を隠すことが苦手です。それだけに、複雑な心理の女性とつき合うのを、めんどくさいと

思いがちです。

　その場にそぐわない話であることがわからない、無神経な女性も少なくありません。冠婚葬祭と一言でくくられるように、これは同じジャンルですが、食事どきに金銭の話や、エッチのときに政治の話となると、まるでチグハグです。映画、テレビ、芝居の話であれば、芸能人の噂話や飲食店まで話が広がるのは当然です。

　これらは、場の話を合わせることによって、雰囲気を盛り上げることになるのですが、これがまったくわからない女性もいるものです。

　あるいはまた、自分のことになると、「私のことはいいじゃない」などとごまかして、人の話にすり替えるタイプもいますが、どう見ても嫌味な女です。

　男に愛を抱いてもらおうとするからには、これら六つの欠点を取り去らなければならないことがわかるでしょう。なにがモテるために必要か？　を一生懸命考えるより、欠点を取り除けば、すばらしい中身が飛び出てくるものです。

　これらの中に思い当たる項目があれば、今日からすぐやめること。たったそれだけで、男の目にすばらしい女性と映るのです。

11

さらに一段高い女性になるために

✧はにかむことを知っている女性

美しさを顔の細工だと思っている女性がふえてきました。整った顔がその典型で、整形をする場合も、美人女優やタレントの写真持参で、それに近い顔にしてもらいたがるようです。

しかし、顔がそっくりになっても、その女優の性格や気持ちを受け継がなければ、顔の表情はまったく違ってしまうのです。

その女優の顔が、それだけ人気だということは、多分その表情を得るまで、とてもいい性格の女性だったと考えられます。明るい性格だったから、美しさだけでなく、その表情にも親しみが表れるようになったのではないでしょうか。

昔から、男たちに人気のあった女性たちは含羞《がんしゅう》、つまりはにかみをもっていた、という話があります。美しさやかわいさがありながら、恥ずかしそうな顔をするので、男は抱きしめたくなるのです。恥ずかしそうにはにかむと、頬がポッと赤らみますが、からだの内部や顔の血管がふくらむからでしょう。

それだけ血潮が熱くなるわけですが、男がほめても、はにかむとしたら、当然、男は好意をもたれていると思い、けっして悪意はもちません。ところが、男がほめても平然としているようなら、好意を向けてないことになるので、そんな女性だったら、いかに美人であっても、男たちから悪意をもたれるだけです。

また、はにかみを見せると不思議なもので、女性から色気が発散します。無意識に下を向いたり、口に手を当てたり、あるいはハンカチをいじったり、からだが自然に動きますが、それによって思いがけぬ色気が出るのです。

無表情と表情のある女性のどちらが男たちに好まれるかといえば、間違いなく表情の動く女性です。その表情の中でも、恥じらいを出せる女性は、男には最高です。

もしかすると、同性には男に甘えているように見えるかもしれません。でも、男には違うのです。このところをよく知っておくことです。

❖泣く女ではなく、涙ぐむ女性

なにかというと涙を流したり、泣き出したりする女性が男に好かれることはないはずです。ところが同じように見えても、涙ぐむ女性は段違いに男たちの評判がいいものです。

その差はどういうものでしょうか？

単なる泣き虫は、喜怒哀楽の感度が強すぎる人で、下手をすると、ジェラシーもまた一段と強いものがあります。怒りによって泣きわめくということもあり、男にとっては手に負えません。

ところが、そんな女性はよろこびもはげしいだけに、つき合って最初のうちは男も大よろこびです。

セックスでも、思いがけないほどはげしい快感をもつので、男はなんていい女を得たのだろう、と思うのですが、そのうちに、そのはげしさが嫉妬に変わったり、怒りや憎しみになって男を襲ってきます。

このときはもう男は逃げようと身構えていますから、結局、そんな女性は捨てられることになるでしょう。

それに対して、涙ぐむだけでじっと我慢する女性は、自分の心をコントロールできる人です。

同じ我慢をするのでも、じっと白目を光らせている女性は、男にとってもっとも恐ろしいタイプで、それこそ心の中で、なにを考えているかわからないだけに最悪ですが、涙が目に一杯たまったまま我慢するというのは、怒りを悲しみに変える力があるということで、本来優しい心根でしょう。

だから男は、そんな優しい女性を裏切ってはいけないと反省をし、結局、素直に詫びることになるわけですが、なんとなく許してくれそうにも見えます。

恐らく、泣きつづける女性の中にも、許してくれる人もいることでしょうが、毎回、泣かれてくどくどやられるのに、男は耐えていけなくなってしまうのです。

愛情という面から考えても、涙ぐんで我慢してくれるタイプだと、男はそう大きな負担を感じませんが、毎回泣く女性だと、「捨てないで」「捨てちゃ、いやよ」と、口に出していわなくても、ズシリと重みを感じてしまいます。

男が本当にラクにつき合えるタイプは、愛情をもちながら、それを男に無理に求めない女性です。「なんとも都合のいいことを」と女性は思うでしょうが、大人の女であれば、この気持ちがわかるのではありませんか？

❖裸の自分のまま一緒に過ごせる女性

男でも女でも、自分のもっともステキなところだけを相手に見せることはできません。

恋愛中の一回四、五時間のデート中であれば、なんとかボロを出さずにすみますが、かりに同棲でもしたら、二十四時間一緒にいるのですから、表面だけでなく、裏面も心の内面もすべてわかってしまいます。

こんなとき、男のほうが先に、裸の自分を理解してくれる女性をほしがるものです。なぜなら、男には母親に甘えるような気持ちがあり、「ダメねえ、あなたったら」と叱られつつも許してくれる優しさを求めるからです。

極端にいうならば、浮気が見つかっても、心のどこかに、この女なら「許してくれるのではないか？」という甘えがあります。そこが男の甘さなのですが、そこまでいかなくても、たとえ酔っぱらって帰ってきて玄関で寝込んだとしても、愛想を尽かさない女性であってほしい、と願うのです。

愛想とは愛相が本当の表記でしたが、愛らしく、親しみのこもった顔や態度をいいます。これが尽きるということは、愛情がなくなるということであり、男は裸の自分を見せることで、女性の愛が失われていくとしたら一大事です。

一般に、男たちがよく通うスタンドバーのママや飲み屋のおかみさんは、小太りが多いものですが、このタイプは必ずといっていいくらい、愛想がよくておふくろのようです。だからこそ、男たちのよき人生相談の相手であり、妻にも話せないことを打ち明けるくらいです。

いわば男たちの究極の理想的女性は、このタイプといっていいでしょう。それこそまっ裸で寝込んでも、「しようがないわねえ」といいながら、ふとんをかけてくれる。仕事で悩んで男泣きに泣いても、軽蔑もせず、笑って「人生、そんなときもあるのよ」と、一緒に飲んでくれる――。だから本音をいうと、あまりガリガリにダイエットした女性は、お呼びではありません。

ことに近頃では弱くなった男がふえてきただけに、それを怒ったり、軽蔑するタイプの女性では、よけい合わなくなってきました。無理にダイエットするより、豊かな抱擁力をもてる女性を演出するほうが、よほど上級クラスに思われるはずです。

恋愛をすると艶やかな女性になる

いま現在、テレビに出ている女優や女性タレントの素顔を見たことがありますか？

テレビの画面では見えなくても、実は強烈な美しさをもっています。その美しさは肌の艶です。なかには徹夜仕事をしたタレントもいるかもしれませんが、一般論として、街で見る美人より数等、肌が輝いています。

それはなぜでしょうか？

理由はいろいろ考えられます。

(1)化粧品も高級なものを使っているうえに、化粧法がうまい
(2)選ばれているという自信が、肌を艶やかにさせる
(3)大勢の人びとに見られているだけに、アドレナリンの分泌がいい

多分、こういった理由があるからではないかと思います。

しかし、このプラスがある反面、スタジオの悪い空気の中にいる、仕事のストレスがたまる、時間に追われる、夜型になる、といったマイナスの環境にいることもたしかです。しかし、それだけのマイナスがありながら、なおそのうえに美しさを保っていられるのは、強靭な精神力だと思うのです。

彼女たちに課せられた仕事は、オーバーにいえば「死んでも」やらなければならないものです。穴をあけるわけにはいきません。この高い精神力をもてるようになると、性格も人格も一格上がるのです。いわば、マイナス要因を吹き飛ばす力をからだの内面にもつ、ということでしょうか？

だからその分、ふつうの女性より強くもなります。離婚をくり返せるのは、この強さゆえでしょう。逆に、離婚にも落ち込まない精神力があるため、一段と艶やかさ、セクシーさを増す結果にもなります。

もう一つ、これが実は重要な理由ですが、彼女たちはいつも恋している、といいます。

芸能界やマスコミ、テレビ関係者の中には、すばらしい男たちが大勢いるため、毎日目移りがするほど、いわゆる「目恋愛」をしています。

「すてきな方だなア」

そう思うと、一番いい自分をそこで出さなければなりません。同じ笑うのでも、艶のある笑い方になり、相手を魅了します。それが女優や女性タレントの肌まで艶やかにしていくのです。

だから彼女たちは夫がいようが、恋人がいようが、別の何人もの男性に恋をし、ときにはセックスも重ねます。恋のハンターとしては、実に大胆で積極的です。

いわば、女というものを自分で育て、さらに大輪の花を咲かせています。男にとって、そんな大輪の花を抱けるとしたら、すべてを捧げるのではないでしょうか。

❖頭の中から年齢を忘れている女性

「年相応」というと、年齢にふさわしいことを指しますが、いまの時代は、年齢を忘れることが重要になってきています。

もともと欧米では、女性に年齢を訊くのはマナー違反ですが、それより人に年齢を尋ねる習慣がありません。年齢がいくつであるかより、その人のいまが魅力的であることのほうが、よほど大切だからです。

だからといってはおかしいかもしれませんが、欧米では若い女性が、頭の禿《は》げた、あるいはひたいの後退した男とつき合っているのは当たり前です。たしかに、東洋人より欧米人の頭髪は薄く少ないものですが、それにしても、女性ならベッカムのように、髪の毛に魅力を感じる男に夢中になるのがふつうです。

ところが、お熱を上げるのはそんなタイプであっても、実際自分が選ぶ男は、まったく髪の毛がないことがいくらでもあります。これは男の能力、性格など、総合的な魅力から選んだからであって、外見ではないということです。

問題は、女性が男の本質を見抜く目をもっているということです。残念ながら日本人の男に「年齢を忘れろ」といっても無理です。年齢を忘れられる男は最高に幸せなタイプであり、ほとんどの男は年齢を頭の中から追い出すわけにはいきません。

それは、

(1)できれば自分の年齢より若い女性を選びたい
(2)年齢によって出世の目安を計るクセがある
(3)つねに定年が頭の中にチラついている

(4)性能力と年齢が切っても切れない縁でつながっている

この四つの理由から、ふつうの男であれば年齢を気にしやすいのです。

ところが、社会で成功した男であれば、若い女性が向こうから近づいてきますし、定年も考える必要はありません。そのうえ、トントン拍子で出世してきていると、性能力はいつまでも衰えません。

しかし、こういう恵まれた男は一握りで、もしこういうタイプがいたら、どういうかたちであれ、つき合ったほうが断然トクです。年齢なんかクソ食らえです。

そこで、男のことはしばらく忘れて、女性自身が年齢を忘れることです。

森光子はおどろくほど高齢ですが、そんなそぶりはまったくありません。むしろ、かわいい女、といった感じです。桃井かおり、大竹しのぶ、長山藍子らも年を忘れているからこそ、あれだけのかわいさを出せるのでしょう。

目の前に現れた男がいくつであろうとも、そんなことは脇に置いて、尊敬できる能力や性格の持ち主であるかどうか——、この一点を見抜ける女性であれば、必ず幸せになれるはずです。

なぜなら、あなたが尊敬と愛の心をもてば、必ずその男性から愛されることになるのですから。

〈著者紹介〉
櫻井秀勲（さくらい・ひでのり）
東京外国語大学ロシア語学科卒業。『女性自身』編集長として女性誌の一時代を築いた後、『微笑』『新鮮』の編集長を歴任。〝女学の神様〟とも称される。現在、㈱ウーマンウエーブ代表を務めるほか、評論家として執筆、講演、テレビ、ラジオ等で活躍中。著書に『女の恋愛　男の恋愛』『結婚外恋愛の手ほどき』『３分間誘惑術』『女から誘わなければ男は動かない』（以上、文香社）などがある。

なぜか「男をそそる女」の秘密

2003年9月2日　第1刷発行

著　者――櫻井秀勲
発行者――柳井伸久
発行所――株式会社 文 香 社
〒 150-0012 東京都渋谷区広尾 1-3-17
TEL 03(3441)0401
FAX 03(3441)1400

印刷所――新日本印刷株式会社
製本所――東京美術紙工

ISBN4-938933-56-X　C0095

文香社の本

女の恋愛 男の恋愛
櫻井秀勲

●大人のための新しい恋のルール！結婚外恋愛、略奪愛、複数恋愛、倦怠期、SEX、結婚……今までの恋愛観を覆し、あなたの恋愛力に磨きをかける決定版！

本体 1300 円

結婚外恋愛の手ほどき
櫻井秀勲

●もう一つの愛を保たせる秘密！既婚・未婚にとらわれず、問題を起こさずに男と女の危うい均衡を愉しむ方法から上手な別れ方までを明かした話題作。

本体 1360 円

女から誘わなければ男は動かない
櫻井秀勲

●「選ばれる女」から「選ぶ女」へ！誘惑の第一歩は口紅の色から。待ってるだけでは恋のチャンスは芽生えない。あなたの恋愛力に磨きをかける103の魔法。

本体 1360 円

3分間誘惑術
櫻井秀勲

●女ごころを一気に奪うキメのひと言！女性心理の深層をついた「NO」といわせない誘い方から完璧な口説き方まで、櫻井〝女学〟40余年の極意を明かした本。

本体 1300 円

ラッキーな女になる
渋谷昌三

●恋もお金も仕事も全て思いのままに！同じように頑張っても、いつも幸運に恵まれる人と不運な人はどこが違う？誰も気づいていないココロの法則があった。

本体 1100 円

※定価は本体価格＋税になります。

文香社の本

居心地のいい簡単生活
デボラ・デフォード
●〝節約〟から〝簡単〟へ！お金、時間、人間関係、家事など、今まで抱え込んでいた無駄や無理がなくなり快適でやすらぎのある生活が実現します。
本体1400円

ハッピーライフが実現する100の方法
デビッド・ニーブン
●あこがれの人生への扉をひらく本！本書は『ハッピーな自分になれる100の魔法』の第2弾。収入、キャリア、人生目標を達成するための実践的アドバイス。
本体1460円

体まるごとキレイになれる食べ物、食べ方
白鳥早奈英
●若い！キレイ！スリム！元気！年齢時計が逆回転してお肌や体にいいことずくめ。最新栄養学に基づく「食べ合わせ」効果で、あなたはすっかり大変身。
本体1360円

おいしくやせる魔法の食べ合わせ
白鳥早奈英
●食べて、飲んで、美やせ！もうガマンはいらない。食べるダイエットでキレイにやせよう。体重の1割ダウンは簡単。憧れボディに大変身します。
本体1360円

自然食生活のすすめ
榊　寿子
●湯茶や煮物は、ほんとは体に悪い!?身近な食材を活用し、体トラブル解消のためのおいしい食べ方を紹介。健康を脅かす現代の食生活を見直すための必読書。
本体1360円

※定価は本体価格＋税になります。